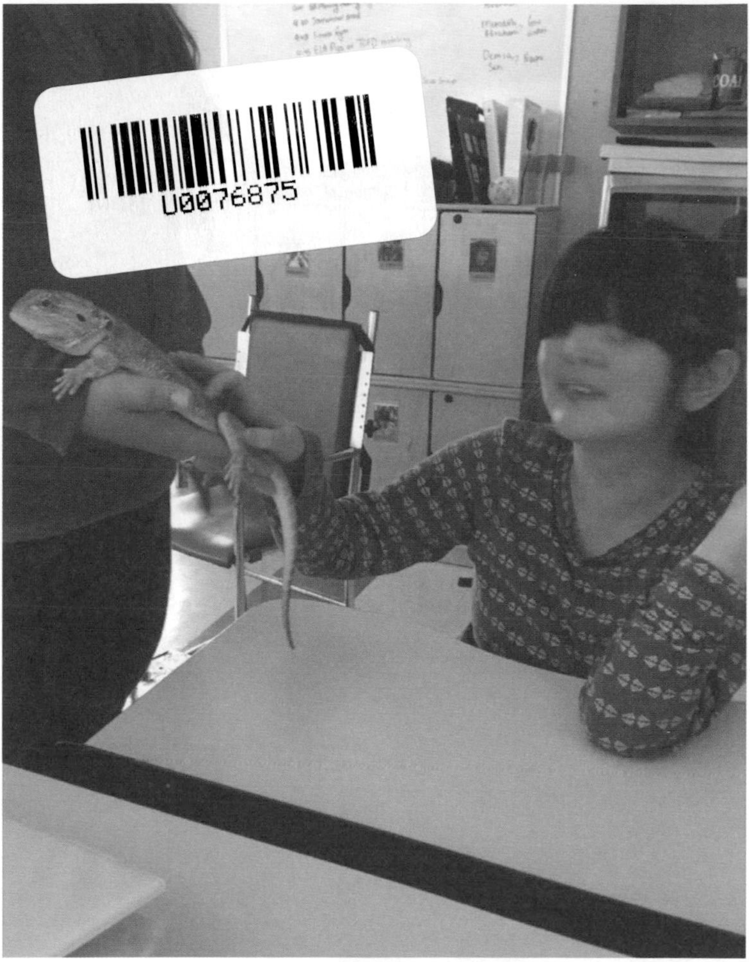

U0076875

攝於紐約上州某特殊教育學校。原本千璃的戒心很強，不過現在已能像這樣觸摸動物。

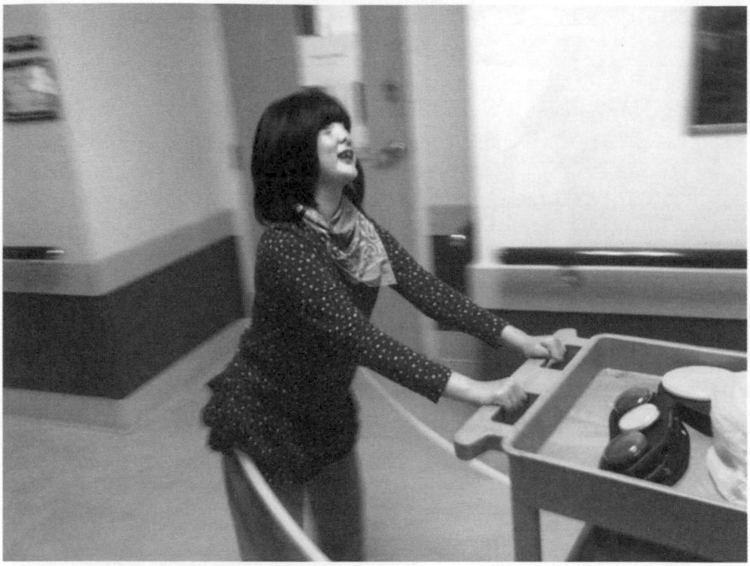

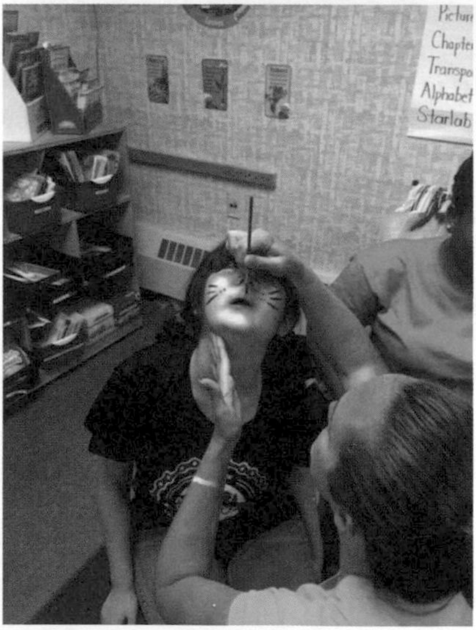

攝於學校走廊。擔任值日生將課堂教具放上推車送進教室（上圖）。
貓臉彩繪課（下圖）

謝謝妳來到這世上

沒有眼鼻的寶貝為生命點亮前進方向

三悅文化

作者序　致繁體中文版讀者

當年在美國首次懷孕，即將生產前這段充滿不安的時期，婦產科醫師對我如此表示。

「寶寶鼻子似乎有點低。畢竟是亞洲人嘛，這點也無可奈何。請別抱太大期待喔。」

醫師本身也是亞洲人，卻以這樣的論點草草打發，讓我覺得很難過。當時出自「身為亞洲人的無奈」只好認栽的情況或許多到數不清。

開始在紐約生活後，常常有許多機會讓我反思亞洲人之於世界的定位。要在異國養育孩子往往伴隨著難關，無論是醫療還是教育，對我來說都是初次體驗，只能在漆黑隧道內一路摸索前進。正因為沒有教科書也沒有前人範例可供參考，若我能多少留下一些足跡，說不定能為後人點燃亮光——這樣的心願，是支撐著我走下去的原動力。身為日本人、身為亞洲人，能做些什麼、該做些什麼，以及能傳達些什麼的自省與反思，曾幾何時已成為我日常生活的一部分。起初光是要與女兒一起活下去就已令我心力交瘁，後來逐漸體悟到女兒來到世上自有其意義，現在則多方展開具體行動，盼日後能交棒給下一個世代。

在美國、在紐約這個異鄉，與生來便帶有多重障礙的長女共同走過的歲月，其實也是一部亞洲人向世界挑戰的記錄。因緣際會下，此番有幸得以透過日文以外的語言來傳述自我觀點，在此表達由衷的感謝。

與生來便帶有重度障礙的女兒所經歷的點點滴滴，化做文字收錄於《未完的禮物》一書中（２０１２年），續篇《謝謝妳來到世上》（２０１７年）於洽談出版事宜之際，我便決定透過此書向一直以來給予我們協助與鼓勵的各界人士們表達感激之意。感謝理解我們的想法與做法的出版社、編輯、製作人、藝術家，以及親愛的朋友們。我們就好比一個團隊，透過這個團隊的力量才能催生出本書，而這個想法也具體落實在書中的每個篇章中。

本書談的是重度障礙，內容也偏沉重，為了不讓讀者感到卻步，擔任本書封面與內頁插圖的兩位藝術家，透過畫作詳實呈現出我的考量。日本畫家山田みどり小姐，以代表崇高靈魂的紫色為主體，透過Ronda輪舞畫這個獨門技法，描繪出可能隱藏於女兒內心深處的璀璨耀眼世界觀。深受年輕世代喜愛的藝術總監，三浦大地先生則表示「盼能為所有孩子帶來夢想」，打造畫風溫馨可愛的插圖。

儘管女兒無法看見這個世界，但她一定能感受到自己被滿滿的愛所包圍。世上真正重要的事物，或許是肉眼看不見的。

對目前的我們而言，亞洲已是有些遙遠的國度，不過我的心總是緊緊相依。九份的夜景、故宮博物館、路邊攤逛透透，閉上眼睛遙想當年，過去的美麗回憶依舊歷歷在目，我想在女兒的內心裡，或許映照著我們所無從想像的色彩、形狀或世界吧。衷心期待有朝一日能有機會讓全家人一起再度漫遊亞洲。

這是一部充滿愛的作品，希望能有榮幸讓更多亞洲讀者接觸到本書。

倉本美香

2018年秋

本該安穩平靜的某個春日，我卻迷失在隧道裡。
又長又暗的隧道，始終不見出口，不斷地令我感到驚惶。
當我發現迷失方向的不只是自己時，
決定邁出步伐，再試著多走幾步，直到能看見亮光為止。

徘徊於黑暗中所留下的紀錄，以及
情緒稍微冷靜下來，開始提筆之後的歲月。

這是生來便沒有雙眼的女孩與其家人的故事。
是住在無光世界的天使所帶來的——啟示。

謝謝妳來到世上　目次

第2章

為何來到我身邊

我突然對自己沒能挺身捍衛同學感到愧疚與懊悔。
過了好幾年後仍然無法忘記此時的感受。

第3章

分開生活

到目前為止的每一天，都是我這個做母親的隨伺在側把孩子帶大的。
真的能將患有障礙的女兒託付到別人手上嗎？

第4章

再度進入黑暗中

——面對已進入青春期的千璃，我能理解到什麼程度呢？時光一天天飛逝於摩天大樓間。

第5章

隧道出口

我甚至認為自己若能成為地球另一端的「庇護所」也算功德一件。
這些全都是千璃教會我的。

第6章

表達想法

前方是辛勤工作的父母親背影，身旁則是患有障礙的姊姊，
我能為必須在這種條件下共同生活的孩子們留下些什麼呢？

序幕　出發探望千璃去

二〇一七年二月，紐約。

北風呼嘯的嚴寒零下氣溫中，我邊裹上羽絨外套，邊思考今年的暑假該如何安排。每年這個時期正好適逢短期回國度假潮，得盡早做決定，確保飛往日本的機票。

長子國小二年級時首度在日本公立小學進行入學體驗，今年已邁入第五年。長子、次子、次女能一起就讀同一家小學也只剩今年這最後一年。

在美國，六月底學校課程結束後便進入長達二個半月的暑假。每年我都會帶著三個孩子，歷經十四個鐘頭的飛行時間回到日本。

孩子們大約會在東京都內小學放暑假的三週前，加入當地學童的班級一起上課，進行入學體驗。這全都要感謝校長、副校長以及全體教職人員、各位家長的包涵通融，願意接納每年夏天短暫停留的孩子們。每年夏天的就讀成果，讓三個孩子的日語能力突飛猛進，在這裡的美好回憶不但孕育出對故鄉日本的愛，也達到鼓舞作用，讓他們有動力再奮鬥一整年，這點是無庸置疑的。

今夏抵達日本那天，正好是東京都議員選舉最終日。推著大型行李箱到達離娘家最近的車站時，聲嘶力竭發表最後一波街頭演說的候選人映入眼簾，正巧與我視線相對的候選人主動上前寒暄。

「感謝支持。」

次女大聲問我：「媽咪，妳給了五千圓鈔票(註)喔？」

註：「ご声援ありがとうございます（感謝支持）」，與「五千円ありがとうございます（感謝給五千圓）」發音相近。

次男也接著問：

「五千圓大概是五十美金？」

最後長子表示：

「如果是小費的話，五塊美金就算給很多了耶！」

這番逗趣的對話內容讓長途跋涉的疲勞飛到九霄雲外，令我忍不住大笑出聲。孩子們一臉莫名其妙。我則再次體會到日語的深奧，並對後續的假期產生小小的不安。

還在調時差睡眠不足的孩子們正式開始插班入學。我在區公所辦完遷入登記後，帶著三個孩子到校，目送他們進入小學職員室。對於朝會必須要在全校學童面前打招呼這件事，次子忍不住說出喪氣話：

「我最討厭做自我介紹了。也不喜歡人家叫我講英文。」

在美國功課還算不錯的次子，對於在日本的學校「很多事無法做到完美」而備感壓力。

「明天的漢字測驗可能無法考滿分。班導師兇起來罵人會很可怕耶！」

「營養午餐有一堆我不敢吃的東西。而且固定有一天是沖繩料理日，會有炒苦瓜這道菜，我絕對吃不下去。要是只上足球課就好了。」

生性樂天的長子會適時給予安撫。

「我的漢字測驗只拿三十分，老師還誇獎我有認真努力呢！放輕鬆一點啦！」

屬於社交型很會交朋友的次女也開心地笑著接續道：

「我很喜歡日本的學校，大家都對我們很好。所以做得不夠完美也沒關係吧？」

我們家從未強迫孩子們學日文。

「如果真的覺得討厭的話，隨時都可以不學。但是媽媽很愛日本，有朝一日也想帶千璃一起回來。要你們學日文只是希望你們可以交到日本朋友，能一直喜歡日本這樣而已。就算現在還不太會讀不太會寫，只要你們的心是喜愛日本的，或許未來會想認真學習也說不定。所以希望你們不要忘了身為日本人的驕傲喔。」

為期約三週的插班體驗，有時孩子們會忍不住發點牢騷，不過還是謹守本分地上學從未缺席過一天。或許也曾給班上添麻煩，但真的很感謝學校這份願意接納我們的溫情，以及日本有義務教育這個令人感恩的制度。

在三個孩子體驗著日本夏天的期間，我卻時常惦記著長女千璃。生來患有視覺障礙以及多重先天性障礙的長女，約莫五年前起在紐約郊區的某特殊教育學校生活。

在千璃開始就讀現在的學校以前，全家人無法過著普通的家庭生活。夫妻倆必須二十四小時輪流照顧千璃，也往往對其他幾個孩子造成不便，犧牲了他們的日常生活。不但放假時不曾全家一起外出，更別提參加其他小朋友的慶生派對，甚至連家長陪遊的聚會，都抽不出時間接送。

歷經了千言萬語道不盡的峰迴路轉後，能像現在這樣帶著孩子們來日本，真的令我很感激。

一個夏季能讓孩子們大有成長。

平時多半在室內活動的他們，因為每天走路上下學以及一週兩次的游泳課，還有全家出遊的小旅行而曬得黝黑。再加上日本食物都很美味，體格也跟著有所成長。最有感的則是日文能力大有進步。細細體會能用日文跟孩子們溝通的喜悅，同時也必須啟程離開日本。

紐約的氣候已帶有秋天的氣息。接下來得跟時差搏鬥好幾天，但必須提振精神面對接踵而來的日常生活，思及此，便馬不停蹄地從機場直奔回家。因為，想盡快前去探望千璃。

第1章

沒有亮光的每一天

1-1 No eyes

單身時期任職於日本航空時曾赴紐約留學的經驗是讓我遷居紐約的契機。之後雖曾一度復職，但在美國同步爆發多起恐怖攻擊事件的二〇〇一年，與定居紐約的日本男性結婚後，我便離開大約待了十年的日本航空公司。

明明離職時毫無眷戀，但是來紐約還不到半年，卻每天都被不安壟罩。從留學時期開始我便兼差撰文勉強餬口，為日本讀者介紹紐約相關資訊也持續為雜誌撰稿，但不曉得何時會丟了飯碗。無所歸屬的孤獨感愈發強烈。

於是，我決定化無形為有形往前跨出腳步，在還搞不清楚東西南北的情況下，創立了屬於自己的公司。

公司成立不久後，我才得知自己懷孕了。

懷孕後的首要之務就是選任婦產科醫師，不過美國並不像日本有如此便民的健康保險制度。一般做法是，每位國民必須根據自己的收入來購買合適的保險公司醫療險，再自行選任與保險公司有簽約合作的醫院或醫師。只因有保險給付，而且會日文這兩個理由，我便選定了主治醫師。懷孕期間曾做過幾次超音波檢查，主治醫師雖曾表示寶寶胎位不正之類的，老是開一些無聊的玩笑。我覺得擔心而追問時，「鼻子似乎有點低。畢竟是亞洲人嘛，這點也無可奈何。請別抱太大期待喔。」醫師卻只是這樣回我。

後續回想起來，這位主治醫師有太多令人費疑猜的行徑，舉凡漏看檢查結果的重要內容、搞錯嬰兒性別、醫師執業登記的姓名不符等。後來我們與這位主治醫師打了醫療官司。會做這項決定是因為，在醫學如此發達的時代，從醫學觀點來看有些部分應該是可以事前預防的。提起訴訟是希望不會再有第二對像我們這樣因為醫師的醫療疏失、怠慢職守而陷入痛苦煩惱深淵的夫妻。

我的身體狀況直到臨盆前都很差，不知不覺間也來到了生產當天。在美國，生孩子慣例會有家人陪同，所以當時丈夫就站在我身旁。

「推，用力推。」護士如此告訴我。重複幾次這個過程後，「看到頭了喔。啊，不是金髮是黑髮耶。準爸爸，真是可喜可賀呀！」主治醫師又開了玩笑。

護士接著道：「She is coming !」

語畢，主治醫師卻語氣激動地喊道：

「別拍了！」並制止丈夫繼續拍攝。我完全搞不清楚究竟發生了什麼事。

「She cannot open her eyes.（寶寶無法睜開眼睛）」

聽到護士如此呼喊，之後的狀況便不得而知。僅隱約記得主治醫師跑出分娩室，丈夫跟著追出去的畫面。總之，沒留下任何一張照片。

接下來的住院記憶真的模糊不清。只記得自己被留在病房內，眺望著白色天花板。

懷孕時就想好將女兒取名為「千璃」。

「對我們而言，女兒就像捧在手心裡如同湛藍玻璃彈珠般散發光芒的寶石，希望她能人見人愛，並賦予許多人生存的力量」是寄託在這個名字背後的心願。打從寶寶還在腹中時，我便喚她千璃。

清晨產下千璃後，一直等到深夜，小兒科醫師才終於現身。住院期間我不曾再見過接生千璃的主治醫師。

「可以去新生兒加護病房看寶寶喔。」

聽到小兒科醫師如此表示後，丈夫用輪椅推著我前往探視。千璃被放進類似玻璃箱的嬰兒床內。湊近細看才發現，寶寶出現黃疸症狀導致全身發黑，額頭異常隆起並形成一道裂縫直達鼻部的破洞，眼睛則緊閉著。老實說，看起來就像一團黑色肉塊。我整個人呆若木雞，卻跟丈夫說：

「好可愛喔。我們抱抱她嘛！」

之後回想起來也真不明白這句話是打哪蹦出來的。只不過，身為母親這種時候應該要表示寶寶可愛之類的推論，讓我不加思索地脫口而出。

翌日千璃也必須接受許多檢查而不斷地被帶往檢查室。我所入住的是被稱為semiprivate的雙人病房，隔壁床的女性不斷有親戚朋友來探視，我卻只有丈夫相伴，只能一味等待。後續回想起來，這段時間真的無比漫長，彷彿置身地獄般沒有活著的真實感受。接著，當天晚上，眼科醫師找我們面談，並告知關鍵消息。

「No eyes.（寶寶沒有眼睛）」

「沒有眼睛是什麼意思？」

醫師解釋，這是胎兒在母體腹中時，基於不明原因導致眼球處於未發育的狀態，幾十萬人中會出現一起這樣的個案。醫師表示引發此狀況的原因完全不明，也沒有牽扯到遺傳方面的因素，就像交通事故那樣純屬意外。

「I am sorry.」

眼前的醫師接續道：「如果事先能得知此狀況的話或許還能想些什麼辦法，但事到如今我也愛莫能助，真的很抱歉。」並向我們低頭致歉。是一位態度非常誠懇的醫師。

「總之，請你們好好撫養她。」

醫師不停向我們低頭致意了好幾次。

隔天早上我就得辦理出院。

在美國生產，因為保險的關係，必須在產後四十八小時內出院。由於千璃還需接受許多檢查，所以繼續住院，只有我與先生二人回到當時位於紐澤西州的住所。

回到公寓後，原本應該是要帶著寶寶回來的嬰兒提籃汽座，卻空蕩蕩閒置著，有種難以形容的落寞感受。

我首先想到的並非「該如何帶大千璃？」，滿腦子都是「要怎麼跟引頸期盼寶寶誕生的日本家人們交代這件事？」

離開雙親住在異國已經讓他們夠操心了，居然還產下患有嚴重障礙的孩子，讓我忍不住責怪自己。不光是拿著話筒的手抖個不停，甚至全身都在發抖，不知經過多久，最後我拜託丈夫致電給雙方家長。

兩邊的家長都深感震驚，甚至無法接話的樣子。我則下定決心寫電子郵件聯絡在日本的姊弟、要好的堂表親、以及親戚長輩們。那之後，雖然不知道日本的親戚家人間如何聯繫這件事、召開家庭會議討論了什麼，卻立刻收到家人們表達慰問關懷的回信。

紐約的三月仍舊十分嚴寒，需要長大衣，不過節令已進入春季，總莫名覺得街道氣氛變明亮，氣候也漸趨和煦。

可是我尚未做好心理準備迎接患有障礙的女兒，對未來的生活感到煩心憂鬱，日復一日的以淚洗面。

1-2 渴望活下去

無法感受到亮光，眼睛完全看不見的女兒突然來報到，真的讓我不知所措。

在美國，抱著小嬰兒時大家會好奇趨近探視，寒暄表示「好可愛喔」，可是一瞥見千璃的臉大家都會嚇一跳。

「What happened？（究竟發生了什麼事？）」

大家沒有任何惡意，但我卻害怕面對這些反應，再加上每次都得做說明也讓我覺得很痛苦，所以總是讓千璃戴上有帽簷的嬰兒帽，或乾脆拉開嬰兒車的遮陽罩來掩蓋其面容。

千璃的口腔也有缺陷，口腔頂端名為上顎的這個部位過高，吸東西時會喘不過氣來。吸吮力，也就是所謂的吸力非常孱弱，無法直接從我的胸部攝取母奶。由於我的泌乳量多，所以會定時使用吸奶器收集乳汁，再分裝至奶瓶。餵千璃喝奶一次要花好幾個小時，因為她幾十分鐘最多也只能喝完五或十cc。

記得好像是二個月大左右開始，千璃會突然著火似的放聲狂哭。明明就是肚子餓了卻拒絕喝奶，呈現拱背的姿勢不停大哭。一哭就是二、三個小時，不，我甚至覺得根本永不停歇。幼兒使盡全力持續哭泣，應該相當耗費體力。但是我們卻不明白寶寶哭鬧的理由。不管我們怎麼做，她只是不斷地嚎啕大哭。即使想轉換一下情緒把寶寶帶出門散步，卻又害怕大家趨前探視，所以我沒日沒夜地抱著千璃，頻繁往返住處公寓大樓樓頂或洗衣間。

這些地點雖然很少有其他住戶出現，不過偶爾會有警衛來巡邏，此時我會馬上把千璃的臉蓋起來，假裝在哄小孩。我完全處於不知如何是好的狀態，總之完全束手無策。

在紐約這座城市，沒有雙親的協助，除了丈夫以外也沒有其他家人，我只向少數幾位交心的朋友告知千璃的狀態。自小我的個性就是不擅撒嬌或央求協助。一路走來始終固執倔強，好勝心強，所以實在無法出言求救。

直到千璃出生前，我甚至不曉得世上有名為無眼症的疾病缺陷。而且，千璃是雙眼都沒有眼球也感受不到亮光，必須活在黑暗世界。千璃的病症不只是鼻眼口未發育成形，心臟還破了一個約九公厘的洞、鼻骨極度扭曲再加上增殖腺肥大（鼻咽扁桃腺肥大）的緣故也有呼吸障礙。總之屬於重度的多重障礙，而非特定症候群或遺傳基因異常。

如果，世上有跟千璃相同症狀的病例，哪怕只是單一個案，或許我會像抓住救命稻草般前往拜訪請教。可是，沒有任何人走在我的前方。

每當千璃夜半哭鬧，一哭就是好幾個鐘頭不肯罷休時，我就很怕隔壁住戶會來抗議，只好上頂樓等待黎明到來。

持續失眠無法入睡，又看不見未來，就連自己的情緒都漸漸無法掌控。到後來我甚至想著，如果就這樣迅速往下一躍應該就能解脫了吧。這樣做雖然對不起丈夫，可是我真的覺得就算活著也看不見光明未來。在我天人交戰的當下，世界還是照常運轉。在沒有任何一位在日本的家人與朋友知曉的地方，終結千璃與我的人生也無妨的誘惑，總是隱藏於暗黑深夜中。

但是天空泛起魚肚白，清晨於焉到來。我終究還是回到住處，過一天算一天。

千璃大概四個月大時的某日午間又突然著火似地放聲狂哭，我在房內抱著千璃片刻不離手。不論是多幼小的嬰兒，一直抱著不但手臂痛腰也痛，總之就是疲憊不堪。在這世上彷彿只剩我與千璃母女二人，沒有任何人會出手相助，也沒有人會出言安慰，讓我備感孤寂。

在美國，讓兒童獨自上街或看家，就會因為怠忽父母職守或虐待幼兒的罪狀而遭到逮捕，因此把嬰兒期寶寶丟在家而自行外出是不可能的。可是，我的精神已瀕臨崩潰。把哭鬧的千璃放到嬰兒床後，走出住處直上頂樓。

我覺得自己在頂樓待了很長一段時間，不過或許實際上只經過十幾分鐘也說不定。治療未見起色、也不知該如何把千璃養大，完全看不見未來，只想乾脆一了百了。我走向平時慣性眺望著的頂樓護欄，心裡決定要帶著千璃從這裡往下跳。

人在臨死前會想很多事。

我在二十二歲時失去了很一位很要好的同學，她從住處大樓樓頂跳樓自盡。當時，我並不明白她的心境，但非常心痛難過，我告訴自己不能讓家人朋友如此悲傷，再想到因生病受傷或意外事故而被奪走生命之人的遺憾，便覺得自己必須堅強活著。可是，一旦換成自己被逼到走投無路時，再也無法顧及其他。我已身心俱疲到無法思考什麼是對的、什麼是錯的，一心只求解脫。

聽到千璃的哭聲時，彷彿是她在向我訴說：

「活著好痛苦。為何得在眼睛看不見的這個世界活下去呢？」

「對不起，沒能把妳生得健健康康。還請妳原諒媽媽。去到另一個世界後，一定可以看見很多景色。」思及此，我回到住處準備帶千璃上頂樓。

我邊想像著千璃狂哭到拱背的身影，做好心理準備打開門。沒想到映入眼簾的卻是「咯咯」發出笑聲的千璃。一旁則播放著我從學生時代就聽到現在的歌曲，美夢成真的「高興！快樂！我愛你！」。每當主唱吉田美和小姐高亢嘹亮的歌聲響起，千璃就會揮舞雙腳發出笑聲。看到這一幕讓我回過神來。

也令我回想起千璃還在腹中時，超音波檢查之所以觀察不到胎兒臉孔，或許正代表了她想出生的堅定意志，所以才會努力讓大家看不見她的臉也說不定。

「千璃，對不起。請妳原諒這麼自私的媽媽。」

當下我只是眼淚撲簌簌直流……。

我與千璃的命是被美夢成真吉田美和小姐的歌聲救回來的。

在這之前，她的歌聲總能帶給我希望光芒，但是從這天起，我更是在心裡發誓一輩子都會是美夢成真的歌迷。

美和小姐所譜出的歌詞、旋律和歌曲意境，以及直達天際般圓潤嘹亮的高音，筆直穿透人心。只要具備身為人類的基本情感「喜、樂、愛」，不管任何困難都能迎刃而解是這首歌所傳遞的訊息。

儘管屢屢受挫，但明天或許有新的世界在等著我。自那天起，不放棄任何微小希望，絕處也能逢生的這個強而有力的寓意便銘記在我心裡。

1-3 摸索治療方式

前途未卜完全看不見未來。既然橫豎只能持續摸索，那就試著再多走幾步朝命運邁進吧。儘管心念有所轉變，但試煉依然接踵而來。

我們首先考慮千璃的整形外科治療，但卻舉棋不定。

畢竟我們對美國醫療業界一竅不通，也沒有可以拜託的朋友，只能透過網路或風評口碑遍訪相關醫師。

據說人類的眼球是藉由「觀看」這項行為而發育成長的。當眼球未成長時，眼周的骨頭會不斷萎縮，整體臉孔無法隨著身體長大而順利發育。為了防止這樣的狀況發生，我們決定接受醫師所建議的義眼重建手術。由於千璃眼部甚至沒有可供裝配義眼的空間，所以我們所採取的方針是先以小圓球代替眼球，再循序漸進加大尺寸，最終裝上正式的義眼。

當時的最新醫療技術，是將名為Expandable conformer的圓球植入眼中，為了不讓圓球跑出來，必須先暫時縫起來做固定。千璃截至目前為止進行過二十次以上的義眼重建手術，再加上其他檢查，全身麻醉的次數高達四十次。

義眼重建的目的並非僅止於外觀的考量，因為千璃無法透過觀看帶動眼球發育，所以裝配義眼可以防止面部骨頭扭曲變形。再者，促進臉孔自然生長，也盼能有助於改善其他機能障礙。

這項治療的大前提並非求美觀效果，而是為了促進臉部自然生長。而且，醫師還指出，外觀愈自然，在社會上所受到的對待也會更自然。義眼重建所帶來的心理效果是難以估量的。正因為眼睛看不見，會更敏銳感受到周遭對自己呈現何種反應。我們會做這個決定是心疼孩子細膩的情緒，卻屢屢招致批評，被認為是「自私的父母」讓我覺得很難受。

除此之外，容不下朋友們的無心之論讓我的內心很掙扎也很痛苦。

「我女兒眼睛看不見。」

據實以告後，必然會聽到朋友回應：

「以耳代眼，那耳朵必定很敏銳，不妨讓她學鋼琴呀！」

「以後如果會說日文跟英文，就能當口譯呢！」

我就得一一澄清：

「不，我們家孩子不是這樣耶。同時還患有多重障礙，到現在還無法獨自行走，也沒辦法自己吃飯，更不會說話。」

必須一項一項列出千璃還不具備的能力，真的很痛苦。對方也實在沒有惡意，我卻神經質地過度反應，格局之小令自己感到汗顏。

我總是在聊天過程中岔開話題，逃離大家的同情或期待。明明丈夫是我的家人，我卻執拗地想憑一己之力把千璃拉拔長大。明明人是無法獨自生存的，我卻擅自拿定主意，不能尋求他人幫助，尤其不能向日本的家人與朋友求救。

平時佯裝自己很平靜地育兒與工作，但我其實一直都很不安。就算豁出去將心事說與人知，也只是得到表面上的安慰。既然對對方而言事不關己，那我又何必透露自身的軟弱呢，或許我就是這樣在四面八方築起了孤獨這道牆。

看不見終點的生活，究竟還要持續多久呢？翻開育兒書，內容提到寶寶一歲過後就會走、二歲會開始說話等成長進度。可是千璃這也不會那也不會，一想到這我就覺得四處都看不見亮光而鬱鬱寡歡。

若非逼不得已否則不與其他人見面的生活，將我逼入死胡同。一到早上就要前往公司上班的丈夫，一定也是懷著複雜的情緒，不過再怎麼說，與孩子長時間相處的仍舊是母親，其負擔之大難以言喻。在這段歲月我甚至無力察覺季節的悄然更迭。

在紐約，因為工作或私交而定期來訪的朋友很多。我將自己的真心話與情感抹殺，每天假裝若無其事。這段時期與人交談的對話、一起吃過的食物、去過的地方、衣著打扮，幾乎沒留下任何記憶。始終看不見隧道出口，我與千璃一樣只能摸索著度過沒有亮光的每一天。

1-4 二子二女

千璃三歲過後開始上啟明學校特幼班後，這樣的狀況才稍稍有所改變。

上午有幾個小時的時間可以完全將千璃交給特幼班，我也終於能夠稍微冷靜思考千璃與我們該走的方向。

當時，繼千璃之後長子誕生了。我們夫妻倆在照顧千璃的同時，曾幾度討論到下一個孩子的事。養育千璃絕非易事，但一方面又想到我們終會老去離開人世，若千璃能有很多手足的話會更有依靠。千璃剛出生之際，我們是斷然無法考慮下一個孩子的，不過上天終究還是願意將新的生命託付給我們。

雖說我們認為新生命是來自上天的託付，但生長子時卻比生千璃時還要恐懼數倍。

懷孕期間滿腦子都在擔心萬一又產下患有障礙的孩子該怎麼養育才好。再加上嚴重孕吐，首要之務就是保有堅強意志來度過孕吐最嚴重的時期，只要過了這關，再一鼓作氣準備生產與照顧新生兒，我就這樣逐步做好心理建設。

懷著千璃到生產時所選任婦產科醫師的考量只基於「會講日文」這個理由，其結果卻是後患無窮，讓我們陷入始料未及的痛苦深淵，也因為這個經驗，從長子起皆選任美國醫師擔任主治醫師。

當初距離預產期還有一段時日，完成某家雜誌所發包的訪問工作後卻開始陣痛，接著在祥和溫馨的氣氛中完成分娩。

「恭喜。寶寶很健康喔！」

很健康——這件事令我感激落淚。

與此同時，「身為一個有著重度障礙姊姊的弟弟」的這個命運，將來長子該何接受，又該如何消化這項事實也著實令我內疚。可是，每天「渾然忘我」地家庭事業兩頭燒，拚盡全力照顧千璃與長子之外還得顧全工作的狀況之下，這些事很快就被拋諸腦後。

抱著上了特幼班也仍舊無法自行起身的千璃坐上嬰兒車後，雙手再攬著襁褓中的長子是家常便飯，現在回想起來真的覺得當時好有體力。

差長子二歲來報到的次子，出生後卻感染了急性肺炎，半夜被救護車送到醫院。次子的新生兒時期都在醫院的加護病房度過，我只好每天都將擠好的母乳送到醫院。後來便讓其他幾個孩子盡早上托兒所，我則竭盡所能地工作。

然而，不論丈夫與我再如何辛勤工作，扣掉千璃的養育與醫療開銷，以及其他孩子們的養育花費，家計永遠呈現拮据狀態。即便如此，我仍想用自己賺的錢幫千璃買會發出聲響的玩具，也想買日式食材來幫胃口小的千璃製作離乳食品，我拼命想做到身為母親所能盡的最大職責。

次女即將誕生前，由我協助統籌開幕事宜的餐廳原本預計開始營業，可是店面的裝潢工程不斷延遲，小女兒反倒先出生了。產後第二天我就出院，產後第五天便回歸工程現場，隔月已抱著小女兒四處張羅。餐廳經營人驚訝地表示「什麼，妳已經生了喔？」，其他一起工作的部分人員甚至根本沒注意到我懷孕。現在回想起來還是覺得不可思議，如此緊湊的工作與家庭生活當時究竟是如何挺過來的，每天都像走鋼索般奮不顧身。

就這樣我成了二子二女的母親。

千璃快滿六歲前，動了開顱這項大手術。利用電鋸切開頭殼上半部，先將顏面骨板取出後，以骨釘固定未成形的骨頭，再將骨板移回原本的位置，堪稱神乎其技的大手術。從紐約驅車四小時前往位於費城的兒童醫院，接受這個超過十小時的大手術。從內部接起大幅裂開的額頭與鼻骨後，臉孔的歪斜狀況獲得極大改善。後續觀看院方出示的電腦斷層掃描圖片，也確實驗證了術後的醫學效果。

為治療術後感染症與呼吸障礙，我們多次跋涉至費城。帶著其他幾個孩子同行時，則在醫院附近尋找廉價旅社。由於大家無法擠進一張床，只好把床單鋪在地上，再蓋上浴巾打地鋪，但還是冷到直發抖得相互依偎入睡。到醫院探視時，弟妹們總是會用純真無瑕的目光盯著在病房努力奮戰的姊姊。孩子們心甘情願將來回超過二百英里的車程視為生活的一部分。

在我記憶中的日常小事有些已經淡忘。不過，像是其他幾個孩子在醫院的家屬休息室所讀過的繪本、途中在免下車餐館用餐的情景，卻記得一清二楚。現在回想起來，我認為那段緊鑼密鼓的治療歲月，更加鞏固了我們全家人的向心力。

不論是義眼重建或是開顱大手術，絕對不僅止牽涉到外觀問題，為了促進更自然的發育，這些治療都是不可或缺的。要讓女兒接受大手術，做母親的也很煎熬掙扎，不過，出乎我與周遭朋友意料之外的醫學效果，讓我們再次體認到千璃的生存意志。

可能是因為呼吸所攝取的氧氣量加倍的緣故，營養能順利供給至腦部，千璃從這段時期開始突飛猛進地成長。即便眼睛看不見、會的事物很少，過去曾讓我單手一抱就是好幾個小時的瘦弱女兒開始長肉，目睹孩子體型逐漸變得像普通兒童的過程，對做父母的我們而言實在是無比欣喜。

1-5 挑選幼兒時期的學校

再將時間點稍微往前推。嬰兒時期的千璃，重複著每週固定跑好幾次醫院的模式。除了患有視覺障礙外，因為鼻部未成形以及心臟疾病的影響，動不動就會感冒，一下子就瘦得只剩皮包骨。當時幾乎只能透過配方奶來攝取營養，所以有時會插鼻胃管補充養分，或由我通宵抱著花好幾小時餵奶，因此我的睡眠時間頂多只有三、四個鐘頭。

我們在千璃二歲左右開始接受州政府所提供的早期療育服務這項居家輔導，不過，除了我與丈夫以外，抗拒與其他任何人接觸的千璃，這一小時內幾乎都哭著度過。大概三歲開始上啟明學校特幼班時也是如此，早上上學前餵她喝完配方奶後，學校所準備的午餐（優格與穀片）一口都不肯碰，直到中午過後回到家為止，所有東西一概不接受。

這樣的情況日復一日，這段期間完全無法感受到她的成長進度。當然日後再回想，肯定有些小小的成長，但當時我還無法拋下一般育兒書所傳授的概念，或許仍暗自期待有朝一日千璃能趕上正常進度。

儘管那段時光在暗黑隧道中徘徊，只能透過摸索前進，但在就讀將近三年的特幼班畢業典禮上，儘管需要老師幫忙攙扶著腰，能以自己雙腿步入會場的千璃身影，仍讓我淚流不止。

剛入學時，拒絕讓我與丈夫以外的人抱過手而哭個不停的千璃，戰戰兢兢踏足於大地邁開步伐的身影，讓我百感交集並意識到千璃這個單一個體所蘊藏的無限可能。那是一種倘若這孩子還有其他可能性，便會想盡辦法發掘栽培的天下父母心。

美國各州所規定的義務教育學級以及課程各異，在紐約市，則是從五歲開始就讀幼稚園，相當於日本的幼稚園大班。

後續幾個孩子相繼誕生，每天過著忙碌的生活，但在我們家仍舊以千璃為中心運轉。目不能視的這個孩子依然很愛哭，除了上特幼班的三小時以外，全家人得遷就千璃不規則的生活型態，被搞得人仰馬翻也是家常便飯。

千璃所就讀的啟明學校，雖然設有相當於小學的班級，可惜已沒有名額。為了尋找願意接收千璃的學校，我們踏遍了紐約市內與近郊。由於學校平日才有上課，首先必須在好幾週前預約參觀，丈夫與我調整工作安排後，再帶著千璃去看學校設備並與老師們會面。哪間學校有入學的可能就跑去看哪間，不過特教班，也就是特殊教育學校很少有空缺，所以我們只能四處尋覓。

歷經千辛萬苦，千璃終於可以進入紐約州瓦爾哈拉地區的某家私立特殊教育學校就讀。這是一所附設醫院的民營學校，主要以復健療程為中心，無法長期就讀。即便如此，對千璃而言，這所學校匯集了許多目前她所需要的課程。

新學校最讓我滿意的地方就是每次造訪都能確實感受到「日照與通風良好」的環境。OT（職能治療）與PT（物理治療）也相當充實無懈可擊，進行這些訓練的教室每間都布置得相當溫馨。

學校巴士會來住處公寓接送，所以早上將孩子送去上學直到傍晚放學回來為止，我們無從得知孩子過著什麼樣的校園生活。由於放心不下千璃，我與丈夫時常駕車搶先學校巴士抵達學校進行偵察。

因為想看看千璃平時的校園生活，所以我們默不作聲地待在教室一隅觀察。原本上特幼班時在學校也會哭個不停的千璃，已能安靜坐在輪椅上，在老師跟她說話時會露出笑臉回應，光是這樣我們就稍微放下心來，再度悄悄返回位於曼哈頓的職場。

每當我覺得千璃今天狀況似乎蠻穩定時，就會因為其他幾個孩子生病或受傷而接到托兒所的通知，或者是工作接連出狀況。過著徹底與風平浪靜沾不上邊的每一日。即便如此，或許因為出來工作與社會有所接觸，才能勉強維持住我的身心平衡也說不定。

第2章

為何來到我身邊

2-1 成長歷程，「東」之心

「為何會出生來當我的孩子呢？」

自千璃誕生後我一直抱持著這個疑問，直到現在依舊得不到答案。

「只能接受，當作一切都是命，勇敢走下去。」

這是我最常聽到的答案。如果說一切都是命的話，那麼當我誕生在這個世上時，是否就已注定走向這個命運了呢？

我出生在東京一個相當普通的上班族家庭。上有年長一歲的姊姊，下有小我四歲的弟弟，三名子女中我排行中間。父親出身關西地區，在大企業上班負責技術方面的工作，非常嚴格也很頑固。母親來自鹿兒島，不過，就在她四歲時，她的父親，也就是我的外公在戰爭中犧牲，之後舉家遷居東京。外婆獨自一人將包含母親在內的三個女兒撫養長大。外婆拼命賺錢養家，所以母親好像從就學前便開始幫忙操持家務。

在我們家族內，女性工作是理所當然的，即便是嫁人了、有孩子了，女性本身還是必須具備養活自己的能力，這便是我從小置身的家庭環境。

在我快滿三歲時，原本與外婆同住在東京都營住宅的母親么妹一家人，因為工作轉調的關係而遷出，我們全家便搬進空著的三坪大的房間。地點雖號稱東京都內，但虛有其名，昭和時期所建的木造平房，不但沒有浴室，連洗手間都是沒有沖水設備的旱廁。我常爬上庭院裡的梅樹、採摘開在玄關前的柿子，生活中充滿大自然的恩典。

從外婆家步行五分鐘，就是母親大妹一家的住處，所以我們表姊妹簡直形影不離，也會搭同一班娃娃車去「武藏野東幼稚園」上學，也就是說「東」是我初次接觸到「社會」的場所。那個「社會」，收容當時還不太廣為人知的自閉症兒童，是一所提供融合教育的學園，猶記得當時覺得在學校會接觸到這些患有障礙的小朋友，是再自然不過的一件事。

當時該學園還沒有國小部，所以我在小學一年級時，改唸地區公立國小。記得我們班上有一位跟我一樣名叫美香的同學，級任導師叫她時會稱呼「這位美香」，而我則是「那位美香」。臉紅通通的老師身上總是散發著酒味，只要有人上課不專心，粉筆就會從黑板那端飛來。同學之中有一位男童的舉止跟其他小朋友不太一樣。現在回想起來或許是有自閉症傾向。對於在武藏野東幼稚園已習慣接觸這類兒童的我而言，並不覺得排斥抗拒，也記得自己常常幫忙牽著他的手。後來才聽母親說，級任導師要我負責照顧那位同學。

「二年級開始要不要去新的小學看看？」

母親如此告訴我。理由是武藏野東學園新成立了國小部，正在招收第一屆新生。只要能跟附近玩伴一起就讀，要轉到新成立的學校我一點也不介意。

其實剛好在同一時期，父親離開所屬企業，自己開公司。公司草創之際當然收入也不夠穩定，要湊足私立小學學費一定非常辛苦。母親絕對不會說出我們家沒錢、日子很苦之類的話，但她每晚都仔細記帳，在每日生活中也無暇顧及穿著打扮。我當時年紀還小但也確實感受到危機。點心零嘴是母親自製的高蛋白餅乾，也不曾外食。我從那時起便成了不會纏著大人要求買東西，或是撒嬌要大人教我功課的小孩。

與患有障礙的同學在同一班學習的環境，對我們「東之學子」來說是天經地義的事。在那個時代，自閉症兒童的雙親是懷著什麼樣的心情將孩子送來小學就讀的，我甚至連想都沒想過。

某天，與往常一般準備搭乘關東公車從學校返家時，坐在公車前方座位的自閉症同學，開始發出怪聲吵鬧，公車上的乘客一臉詫異直盯著他瞧。其中一位中年婦女高分貝告訴公車司機：「司機先生，這孩子的父母親在哪？請別讓這樣的孩子獨自搭車。」

公車內悄然無聲，只有自閉症同學的聲音迴盪著。我則想著「怎麼辦，該怎麼辦才好呀」一顆心七上八下。此時，坐在自閉症同學附近的某位同學說話了。

「阿姨，妳不可以這樣說啦。他只是跟其他小朋友不太一樣而已。」

中年婦女略顯退縮後，又跟司機抱怨了一番，便在下一站下車了。司機似乎覺得有點窘，卻假裝若無其事繼續開車。

為自閉症同學出言相助的這位同學，對我們而言可真是貨真價實的英雄。我突然對自己沒能走到同學旁邊挺身捍衛感到愧疚與懊悔。過了好幾年後仍然無法忘記當時的感受。

可能因為我這樣的成長經驗使然吧，當我生下患有障礙的千璃時，某個沒來由的感覺莫名讓我信服「所以這孩子才會來到我身邊啊」。

國小四年級時搬到了現在娘家所居住的練馬區。那時東學園尚未設立國中部，所以我升上地區公立中學就讀。當時這間國中才創校第十年，是間建校歷史尚短的學校，學長姊有點火爆，下襬很短的水手服搭配超長的裙子是正字標記；男學生服的長褲褲筒跟水泥管一樣寬。在那年代，只要穿著稍微有點招搖就會被學長姊們叫去廁所。不過其實大家本性不壞很單純，是很好相處的一群人。跟這些有點不良的夥伴們逛逛當地的祭典、騎腳踏車遠遊等，讓我在這個昭和氣息濃厚的地方，度過了充實的典型昭和中學生活。

後來升學就讀的都立西高真的是學風很自由的學校。入學典禮當天，校長威嚴自信地告訴大家：「請把高中生活當成四年。最初的三年拼命做自己想做的事，最後一年請努力用功讀書。」

接著，還大剌剌地為大家介紹有在重考補習班兼職的老師：

「高中第四年，去讀〇〇重考補習班吧！」

身為公教人員居然光明正大引薦補習班，真的令人咋舌。不按牌理出牌就是西高的特色。

我加入了手球社，除了每天忙著練球外，園遊會時還負責編排歌舞伎節目、拍攝影片、籌辦活動等，把精力都放在課業以外的事物上。現今所難以想像的自由奔放高中生活所培養出的友情，至今依然堅定不移。

考上學習院大學後，當我說出「想學美術史」時，周遭親友表現出瞠目結舌的反應。可能是因為跟經濟啦、政治啦、法律啦、醫學等「出社會馬上就能發揮所學的領域」相差甚遠的緣故吧。不過，所謂的大學生活，就好比出社會前所獲得的緩刑，既然父母親也表示「想做什麼儘管放手去做」，我便順理成章地只全神貫注地投入美術課。

徹底學習了藝術，接觸了許多藝術作品與偉大藝術家的功績，但最後我的畢業論文卻只聚焦在李奧納多・達文西〈最後的晚餐〉這一幅畫上。多才多藝的李奧納多・達文西，在繪畫方面的天分更是備受推崇。然而，他實際留下的畫作僅僅二十幅，而且幾乎都被評為「未完成」。為何會是「未竟之作」、「未完待續」呢？而當時所思考的這些問題，居然會在二十年後成為我動筆寫下的《未完的禮物》這本書，更是我當初所始料未及的。

達文西無時無刻追求完美藝術，另一方面，一旦他在描繪作品的過程中找到自身主題的答案後，據說就不再有興趣去完成該創作。他刻意留下未完成的作品，讓觀賞者有自由想像發揮的空間。換句話說，就旁觀者的角度來看是「未完成」，可是對達文西本人來說，那些畫作已經是「完成品」。

在胎內已停止發育成長，在外型上屬於「未完成」狀態便出生到世上的千璃。上天所託付給我們的禮物，在「未完」的空白地帶中，或許隱藏著「為何會來到我身邊？」的答案。為了找尋這個答案，我才會一直到處徘徊。

說不定上天是刻意留下空白的部分後，才將千璃交給我們的。

2-2 就業與結婚

思考大學畢業後的求職方向時，起初我想從事企劃方面的工作。不過當時向相關企業員工打聽消息後，得到的卻是這樣的答案：「這職缺找人的主要考量並非卓越的工作能力，而是會泡茶給上司喝、幫忙叫計程車，能妥善打點這些事務的女性。」

這讓我感受到該業界或許對男性員工而言是很理想的職場環境，卻不是能讓女性即刻發揮實力的地方。如此一來，能活用女性的細心與善體人意的特質，立即被當作組織的一員看待，符合我想追求的這種工作環境的，就是航空公司這個業界。

當時的航空業界對女大學生而言是非常熱門的就職企業，錄取機率為幾百分之一。我所就讀的大學也有很多學生抱著買彩券的心態報考。不過我並不是對這份工作光鮮亮麗的印象感到憧憬才報名的。因為高中、大學時代「從無到有的企劃製作」經驗，喜歡上這種幕後性質的工作才是讓我報考的理由。空服員所負責的業務內容繁多，對外不光代表服務人員身分，同時也是肩負維護乘客安全重責大任的管理人員。雖說每趟飛行都是獨一無二的，但要完成一趟航班必須仰賴眾多幕後人員分工合作，能每天參與這項組織運作的職場環境，讓我覺得極具吸引力。

我很幸運地獲得錄取，並且能透過工作親身體驗與了解海外文化，還可以遍訪世界各地的美術館或美好的事物，讓我覺得這個職場環境也未免太幸福而感到雀躍不已。

報到後的新人訓練比想像中還要辛苦許多，不過實際開始執行勤務後的飛行生活卻非常愉快充實。與同事組隊負責ＶＩＰ航班或侍酒師航班的成就感、停留海外飛行地點時從前輩身上所學到的許多世界觀，全成為無可取代的經驗。身為空服員不只有光鮮亮麗的一面，乘客在機上過世、因轉降（變更目的地緊急迫降）被客訴而失眠等，也是會遇到各種狀況。不但得用腦、用心，還得用體力，簡直媲美運動員需要動用到全身細胞的工作內容，全都化為我人生的寶貴經驗。

然而過了幾年後，想再多看看新世界、想要學習未知事物的欲望冒出頭來，我便辦理了公司內的留職停薪進修制度，打著去大學修讀室內設計的旗幟前往紐約留學。結束了大約二年的留學生活後曾短暫回到日本，之後與任職於美國企業的日本男性完成終生大事，並在二〇〇一年恐怖攻擊事件後返回紐約。

與丈夫在紐約結識不久時，有次我們一起外出用餐。離開停車場之際，他手握著方向盤，將自己的包包遞給我。

「可以幫我從裡面拿出錢包來付錢嗎？」

從錢包取出二十元美金紙鈔付完停車費後，我就這樣下意識地將錢包擱在自己腿上。接著再次停車走到街上時，他問我，「有看到我的錢包嗎？」

我查看了自己的包包試圖取出替他保管的錢包，可是卻遍尋不著。恐怕是準備起身走出車外時，沒注意到還擱在腿上的錢包，就這樣掉在路上了吧。我們急急忙忙趕回原本停車的地方，想當然爾，早已不見錢包蹤跡。這裡可是紐約，肯定是轉瞬之間就被人撿走。我驚慌失措道：

「對不起。該怎麼辦才好？」

「等我一下。」

當時他並沒有手機，所以找了公共電話進行聯繫。我無計可施，只能怔怔地在一旁看著他。

「OK，全解決了。」

我呆若木雞。交給他人保管的錢包被弄丟了，首先不是應該先責怪對方，然後不知所措地亂了陣腳嗎？錢包裡有重要的卡片類或駕照以及現金是絕對錯不了的。

「你居然不生氣？」

「生氣也沒用啊。畢竟已發生的事無法改變。」

他過於冷靜的反應反而讓我覺得震驚。

「不過有件事想拜託妳，回程可以換妳來開車嗎？因為我現在沒駕照。」

我與丈夫的個性南轅北轍。洞悉人心，行為往往被感性支配的我，與一貫冷靜從不將情感顯露於外的丈夫，很多時候根本雞同鴨講。唯一能斷定的是，丈夫擁有我所不具備的特質。或許因為這樣才形成夫妻彼此之間的尊重與信賴。

2-3 創業

任職於美商企業的丈夫，往往早上出門上班後便辛勤工作至深夜。我則是從留學時期還勉強得以掛上撰稿者這個暫定頭銜，打工性質地持續為日本讀者介紹紐約資訊、為雜誌寫文。然而，漸漸進入人們已不太閱讀紙本的時代，採訪費遭大幅刪減，有些雜誌甚至還不到年底就突然廢刊。身為大企業員工時，不太感受得到有企業庇護的安心感。可是，一旦離開後，才深刻體會到每個月定期會有薪水匯入、身心不適時有健保可以前往醫院就診、有資格取得年度特休等，真的各方面備受照顧。

我本身並不屬於任何企業單位。雖然身為丈夫的妻子，萬一丈夫有什麼狀況、或者是彼此的關係崩盤時，我這個人又該何去何從呢？愈想愈不安的結果，我決定開間公司。大致經營方向為當時已著手負責的市場調查與營銷，再加上整體統籌規劃。由於手頭沒有資金，光要湊齊代辦行政相關手續的律師費用都很吃力。

丈夫從剛結婚時便很支持我工作。不過實際上我們倆並沒有花時間促膝長談，自然而然就形成這個模式。

丈夫自日本的大學畢業後，進入美國的研究所就讀，並且在美國就業，可能因為置身於女性普遍擁有工作的環境，所以他說不覺得女性工作有什麼奇怪。在我離開上一份工作來到美國時，也經常談到「我們彼此都要培養能夠養活自己的能力」。正因為他在競爭激烈的美國社會中任職於美國企業，好幾次親眼目睹直到昨天還一起共事的同事突然被炒魷魚而離開公司的情景，因此，丈夫本身應該也是充滿不知自己何時會遇到什麼狀況的危機意識。

丈夫從未跟我說過「有我保護妳」之類的話。總之，彼此要相互協助好讓自己至少擁有最基本的能力，是我們夫妻之間的默契。

公司成立後不久，我便發現自己懷孕了。當時年齡也已超過三十歲，打算一切順其自然，沒想到就有了好消息。我持續嚴重孕吐，光是一天外出工作個幾小時都相當難受。早上橫躺著目送丈夫出門，等到他回家時我已經體力透支無法起身，實在無法相信諸位前輩所說的孕期中滿心歡喜等待迎接寶寶出生的經驗談。

話雖如此，丈夫全面支持我的工作，以英文協商交涉遇到瓶頸時也會悄悄為我伸出援手。擁有在美國社會鏖戰超過十年經驗的丈夫，還是成為我最終的靠山。

2-4 工作與育兒

從頭摸索展開在美國的生活、從頭摸索如何在美國開公司、從頭摸索並經歷了在美國的生產。繼患有許多障礙的女兒——千璃成為我們的家人後，又從頭摸索展開在美國的育兒生活。因為沒有眼球與視網膜而無法分泌退黑激素的千璃，無法維持長時間的睡眠。因此我在千璃出生後的三、四年間，不曾在寢室躺下超過三小時。

即便上了特幼班，幾乎每三個鐘頭就得餵飯、換尿褲。還得照顧其他幾個孩子們喝奶或吃飯、洗澡、為丈夫準備餐點以及做家事洗衣打掃。

丈夫平日在曼哈頓時會接送其他幾個孩子上下學，不過，必須在美國國內或到日本出差而不在家的情況也不少。已記不得當時究竟自己是如何度過這般緊湊的生活，我想那時的我每天應該都處於極限狀態。

千璃一次又一次的義眼重建手術與住院、打醫療官司、挑選學校，每天都有一堆代辦事項。後來我經常被問到，光要照顧家人就已經夠辛苦了，怎麼還有辦法持續工作。當千璃與小她二歲的長子誕生時，我接到了一項很重要的工作。能遇到願意讓我負責如此重大任務的委託人們，才奠定了我今日的基礎。相信當時一定還有其他適任人選，但業主願意全盤託付，不禁讓我覺得彷彿是上天送來一張名為機會的入場券。

而且在接下這個大案子後，馬上得知肚子裡有了第三個孩子。我很猶豫要不要辭退這項重責大任，立刻找委託人商量。經歷過千璃的生產與醫療官司，我最弱的部分就是語言方面，也就是英文能力不足所引起的自卑感。這絕非代表我不諳英文，只是對於生產或醫療等專業領域沒有自信。後來光憑著「會日文」這個理由就決定主治醫師的後果，讓我們面臨眾多考驗，嘗盡苦果。

預定進軍美國的日本企業最先派來探路的年輕員工中，有很多人對英文感到不安，而這也是唯一的瓶頸。我自己也是因為對英文缺乏自信而吃了苦頭的過來人，若因為語言障礙而無法發揮日本人原有的優秀才能，那我很願意做些什麼來助一臂之力。雖然我能做的微不足道，但我向業主表示在這個部分我一定會全力以赴，希望能對大家有所助益。業主聽完我的話，靜靜地露出微笑。

「全都交給妳了。讓我們一起做一番大事業吧！」

業主的這句話，更加拓展了我的世界。要在紐約曼哈頓開新店這項任務的責任非常重大，而且是很有成就感的工作。由於一方面還得兼顧家務與育兒，時間上有所限制，有些事也做不來。做不來的不要勉強自己苦撐，把能做到的部分徹底做好是我面對這項任務的一貫態度。雖然我的收入幾乎全消失在孩子的托兒所費用上，但是能夠在需要自己的地方工作，讓我充滿責任感。

丈夫也秉持著向來的態度，願意從旁協助，識破我所不擅長的領域，還勸我要多學習。

在美國大企業林立的環境中，要讓客戶願意搭理像我這樣的超微型企業，不論再小的工作都要傾注百分百的心力，只要對方願意給予信任，斷不能辜負所託是我的信念。即使在家一頭亂髮忙著帶孩子，在外則是一介社會人士，須保持冷靜沉穩。雖然內外反差極大，但我也就這樣一天挺過一天。自己能為他人所需、家庭內外都有屬於自己的容身之處，現在回想起來讓我更加肯定這些對那時的我來說皆形成了救贖。只不過，當時夫家方面對於「身為人母還在工作」一事，並非全然肯定。

千璃出生後，婆婆一直沒有機會來紐約，不過長子出生後便立刻來看孫。目睹我為了兼顧二個孩子與工作忙得團團轉的情況，婆婆看不下去跟我說：「美香啊，長子暫時交給我來帶，妳就專心照顧千璃吧！」

當時千璃還處於每隔三小時要餵配方奶與離乳食品的階段，一被婆婆抱過手就會嚎啕大哭。在我外出工作的時段只能拜託丈夫接手。身為長男的媳婦，生下帶有障礙的孩子不說，為了繼續工作還勞煩丈夫顧小孩。雖然沒有直接受到指責，但無言的壓力非常巨大。大姑與小姑都是高學歷菁英，跟我這個靠體力吃飯的前空姐大相逕庭。既然要工作，就只能做出一番成果讓大家認同，沒有別條路可走。

那時我們家的家計一直都很吃緊，要持續湊齊生活費、醫療開銷、養育開銷的生活，絕對不輕鬆。舉凡千璃的大手術、醫療訴訟、工作專案等，每天幾乎都有新的難題得面對。我無心也無暇在意衣著打扮或妝容，看到在社會上光彩耀人的女性，還是會掩不住欣羨之情，這也讓我對自己感到厭煩。在美國撫育障礙兒的不安以及消化不良的情緒，每天一點一滴的累積。

後來，包括夫家方面、我的家人還有朋友們，都漸漸接納了我的想法，真的讓我很欣喜。婆婆也不再只是從婆媳關係的角度出發，而是能以同為女性的立場對我表達支持，因為她自己本身也開始工作。婆婆即將滿花甲之年前報名上了大學，並取得相關證照，成為養老院的院長。大姑因為離婚而回到日本，在大學教授國際經濟。人生何時會發生什麼事都是未知數，所以身為女性也必須具備養活自己的能力。曾幾何時，這樣的想法被大家視為理所當然並予以接納。

千璃身受許多人的幫忙才得以維持生活，家人們變得能有相互體恤彼此的想法，或許是千璃這孩子本身的存在所帶來的影響也說不定。

第 3 章

分開生活

3-1 尋覓新環境

二〇一一年秋，一大早送完千璃上學後，父親的哥哥，也就是住在大阪的伯父傳來緊急連絡。

「妳爸心肌梗塞發作，被送往近大附屬醫院了。」

七年前因腦梗塞病倒，而後展現驚人恢復力的父親，這次卻被心臟病襲擊。父親是在大阪伯父家作客時，突然感到胸口悶痛而緊急住院。據伯父表示必須接著動緊急手術。

「怎麼辦，該怎麼辦才好啊！」

見我驚慌失措，丈夫立刻訂好機票，催我回日本一趟。我馬上著手準備動身前往關西。

等到日本天亮後致電姊姊，沒想到姊姊居然表示父親已出院。

「這究竟是怎麼一回事？」

原本應該要在大阪接受緊急手術的父親，考量到諸多情況希望能在東京的醫院動手術，院方所做出的回應是「除非搭乘救護車，否則無法保證能活命」。沒想到父親在簽下切結書強行辦理出院後，居然還搭新幹線回來直接住進東京的醫院。不管到哪都堅持頑固本色的父親令我忍不住搖頭，不過最擔心的還是他的病況。

千里迢迢趕到東京的醫院後，父親的氣色不太好，但至少能坐在病床上說話。精密檢查的結果，狹心症的程度相當嚴重，必須立刻接受繞道手術，但是因為執刀醫師與手術室的行程滿檔還要再等安排。我無法守著父親動完手術就必須回到紐約。

明明非常擔心徘徊於生死邊緣的父親病況，但留在紐約的丈夫與孩子們也令我放心不下，結束了只能待兩夜的緊迫行程直奔回家。

「萬一在我搭機時父親有個三長兩短該怎麼辦？」或者是「下次要等何時才能回去探望父親？」之類的念頭，反映出在異地生活的種種無奈，如排山倒海般襲來。

這種時候，我總是最先考慮到千璃的將來。

如果，分隔兩地的日本家人現在出了什麼狀況，那千璃該怎麼辦。

自千璃出生以來，就算是雙親病倒，我們夫妻也從未一起踏上日本國土。十四個小時的飛行再加上舟車往返的時間，幾乎要花上一整天才能回到祖國，待個一、兩晚就又得返回紐約。雖然對這幾天幫忙帶千璃與其他幾個孩子的丈夫感到過意不去，但不在身邊的雙親也令我在意，總是沒由來地令我感到牽腸掛肚，也總令我感慨，我的歸屬究竟在何方。

千璃即將滿九歲了。睡眠障礙還是未獲改善，半夜依然每隔三小時就會醒來。她一餓肚子就會哭鬧不休，所以我會算準時間，在這之前先把她抱到餐椅上餵飽。在學校明明可以自己拿著湯匙吃飯，可是在家裡卻只肯張開嘴巴等著我來餵。

千璃的上顎位置過高，下巴無力，只能吃剁得很細碎的食物，我會將做給家人吃的配菜盡量切碎，再拌入煮熟的飯裡捏成一口飯糰餵她吃。明知她看不見，但我還是堅持做出顏色豐富能誘發食慾的料理，所以會用很多食材入菜。有時是粉紅鹽漬鮭魚加菠菜；有時則是黃色炒蛋加紫洋蔥。

二十四小時待命的長期照護生活，身心皆已到達極限狀態，但目不能視的千璃無法相信其他人，若失去我這個母親她就無法活下去的不安總是伴隨著我，也因為這份緊繃情緒的支撐，才讓我能不倒下地挺了過來。

動了開顱手術進行骨骼矯正後，千璃的體格成長突飛猛進。原本大幅分開的鼻骨扭曲獲得矯正，令呼吸量大增的緣故，吃進嘴巴裡所攝取到的營養發揮作用，讓千璃的身體有所成長。手術時不滿十公斤的體重在術後增加了近三倍。但是因為還不會說話，無法進行溝通。而且千璃連自己起身都做不到，更遑論訓練她自行上廁所了。

隨著千璃逐漸成長，也大大增加了我的體能負擔。

千璃放學回來後，在她肚子餓開始哭鬧前，我會先讓她吃點心或輕食。但是當我把握她坐在醫療高腳椅用餐的時間，再另外替其他幾個孩子還有丈夫做飯菜時，千璃又會因為想睡覺而鬧脾氣，所以我又得趕在她上床睡覺前急急忙忙幫她洗完澡。

在公寓狹窄的浴室內鋪上浴墊與毛巾，抱著千璃讓她橫躺後脫下衣物。將幼兒用澡盆擺在沐浴龍頭下方放好水，再把千璃扛到澡盆內。由於浴室內只有不含軟管的雨灑頭，只能將熱水放到水瓢與洗臉盆內來幫千璃洗頭洗澡，最後以熱水沖完身體，再一鼓作氣將她扛到放浴巾的地方。

不知何故千璃從嬰兒期便不排斥洗澡，在澡盆內時，彷彿回想起在羊水中的狀態而十分安靜。不過離開澡盆到穿好衣服這段時間，若我稍微有點拖拉，千璃又會開始哭。

每天的沐浴時間，對我而言就是與體力和氣力賽跑的時段。千璃的重量讓我的腰痛加劇，幫她穿好睡衣再把她抱上床後，我已經沒有多餘的力氣。即便如此，還是得餵其他幾個孩子吃飯、幫忙洗澡、哄他們睡覺。好不容易有了安靜的時間，繼續處理積了一堆的工作時，丈夫也差不多下班回來了。這時候應該已經入睡的千璃會因為空腹而開始哭。再度餵她吃完東西後，打算稍微休息一下才剛躺下來，就聽到千璃發出高亢的聲音。我隱約覺得不妙湊近千璃的床鋪查探，從紙尿褲飄來便便的味道。

這個時期所面臨的問題是，千璃會把手伸進紙尿褲的縫隙觸摸自己所排泄的尿液或糞便。

無法透過視覺來認知自己身體所產生的排泄這項生理機制的千璃，會隨意用慣用手觸摸排泄物並一而再地重覆這項原始行為。每當遇到這個情況總會令我想哭。

首先，又必須幫千璃洗澡清理乾淨。要再度扛起變重的千璃著實是個粗活。千璃可能因為排完便通體舒暢所以情緒還不壞。可是我因為腰痛動作無法很俐落，千璃的身體開始慢慢變冷，終究還是哭了出來。再次幫她換好衣服，加以安撫再把她帶回床上，然後我得再度洗衣服與打掃收拾。在夜深人靜的大半夜重複進行這一連串的作業，到最後已頭昏眼花。

這樣的生活究竟要持續到什麼時候呢？仰望著東方逐漸泛白的天空，一夜沒闔眼的情況已不記得究竟是第幾次了……。

剛好在這個時期，我們為了尋覓千璃的下一所學校而東奔西走。特幼班畢業後雖然轉到位於紐約州瓦爾哈拉地區的特殊教育學校就讀，不過實在離我們的住處太遠。

該學校還有附設醫院，頂級設備齊全，可是學費非常昂貴，實在不是能長期就讀的地方。

正在如火如荼尋找下一所學校時，我所考量的重點是，對現在的千璃而言什麼是最重要的。站在九年來形影不離照顧這個孩子的母親立場來看，當然希望能就近觀察心肝寶貝的成長。可是另一方面，我的體力已達極限，而且萬一我們夫妻有任何狀況時千璃該怎麼辦的不安總是如影隨形。再者，我也體認到，能促使千璃獨自完成身為人類最基本的行為，也就是行走、排泄、進食比什麼都重要。

在這個時候，當時的學校老師向我們提議住宿型學校，作為下一所學校的備選參考。在日本提到此類型的宿舍，難免會產生集中收容管理障礙兒機構的這種負面印象。我對於美國特殊教育學校的住宿生活完全沒有概念，剛開始還頗遲疑。不過，還是決定先預約參觀過學校再說。

學校距離曼哈頓一百英里、從十六號公路一路向北，車程大約二小時。坐落於紐約上州（北部）幅員廣闊的佔地中，除了有學校與宿舍、成人職業訓練中心、醫院，甚至還有農場與畜舍，宛如一座村落。肢體不便或發展遲緩等患有障礙的人士也在此一同生活。除了學校職員與醫師外，還有為數眾多的志工在這裡工作。

學校宿舍是很寬敞明亮的獨棟建築。寢室是雙人房，不過除了就寢以外的時間，大家都在客廳或飯廳度過。就連在醫院或家中幾乎臥病不起的重度障礙孩子，也躺在擔架床上或坐輪椅來上學。讓我感受到相當正向的文化衝擊。我詢問接待人員：

「這所學校的孩子們都來自哪裡呢？」

「來自全美各地，不過為了進入這所學校就讀而搬家的孩子也很多」

「那他們是跟家人住在這附近，每天通學囉？」

「當然也有每天通學的孩子，也有些孩子是平日住宿舍，只有週末才回家。還有就是長期住校，家人偶爾才來探視的。」

在美國，直到孩子年滿二十二歲前，父母須負起養育義務。在該學校，一旦獲得入學許可便能通學至二十二歲。是一所風評相當好的特殊教育學校，換句話說，若沒有人畢業的話，名額就不會有空缺。再加上各方面設備完善齊全，我猜學費應該也是超乎想像的貴吧。

請校方日後再聯繫詳情後，當天我們便回到位於曼哈頓的住處。光來回就要四小時，正好是千璃搭學校巴士回家的時間。

「千璃，妳回來啦。今天在學校過得如何？」

雖然得不到回答，當我抱起千璃後，她的表情才稍微放鬆。

目前所就讀的瓦爾哈拉這間學校的通學時間，搭學校巴士依序繞完各接送點大約一小時。傍晚回到家後，千璃往往筋疲力盡。做父母的無論如何就是想盡可能為孩子選擇最好的環境。雖然不知道哪裡才有正確答案，但我們一心只想盡量幫千璃開拓出目前她所需要的路。

3-2 轉學

千璃選校的期限已迫在眉睫。

位於布魯克林的啟明學校還有空缺可以立刻報名，可是也不想放棄前幾天所參觀的上州特殊教育學校。雖然招生已額滿，而且不知何時才有機會能轉入。不過，我想相信自己的直覺，夫妻倆也不斷針對申請候補這件事進行討論。

由於我們住在紐約州，所以千璃具備就讀的資格，可是單程二小時的距離，要通學實在有難度。如此一來，只剩我們搬到學校附近居住，或是千璃平日住校這二個選項。丈夫與我的辦公室都在曼哈頓，不可能從上州通勤，只能選擇讓千璃住進學校宿舍。可是，到目前為止我們不論平時的生活有多難熬，也從未考慮過跟千璃分開生活。

我不斷問我自己，心中天人交戰。

「為了學會基本行為能力，我認為生活療法以及住宿生活應該會很有效果。」

「我當然明白你所說的。可是千璃眼睛看不見，不知道媽媽長怎樣，也無法理解每天的生活。我怕的是，千璃會忘了我們這對父母親還有弟妹們。」

「我不這麼認為耶。千璃能確實分辨媽媽爸爸還有弟弟妹妹。再說一到週末又可以全家團聚。」

丈夫一定也察覺到我這做母親的彷彿被硬生生割下一條手臂的失落感吧。另一方面，為了培養千璃目前最需要的生活基本行為能力，其實也對二十四小時提供輔助的生活療法寄予期待。雖然內心非常猶豫，我們還是提出了上州學校的申請手續。

我們與州政府的教育負責人員開過幾次會，針對千璃的現況與將來的教育計畫以及學費的籌措進行詳談。

逼近必須做出最後抉擇的階段時，突然接獲上州學校的聯絡。校方表示剛好有學生轉到其他學校，如果能立刻辦妥手續的話，千璃就有機會轉入就讀。不過，因為還有其他兒童也在候補，所以希望我們確認能否立刻備齊相關文件。

沒有時間可猶豫。匆匆忙忙辦完轉學手續後，多次與學校老師和職員們開會，針對生活面與教育面進行所謂的「交接」。

原本只是稍微轉動一下的齒輪，突然間彷彿油門全開瞬間加速的急轉直下，讓我的心緒完全跟不上。

與丈夫二人拚死拚活工作賺取養育孩子的費用、寸步不離照顧千璃甚至無法躺在家中床鋪睡上一覺的生活。然而，這個節奏即將發生改變，我所感到的卻是更大的不安與罪惡感，勝過鬆了一口氣的情緒。到目前為止的每一天，都是我這個做母親的隨侍在側把孩子帶大的。真的能將患有障礙的女兒託付到別人手上嗎？為人父母的責任歸屬又該怎麼算呢？千璃是否會忘了我這個母親呢？

另一方面又思及不管什麼樣的孩子，終究會有離開父母的時刻。雖然千璃的情況並非離開父母而獨立，但將來總有一天須得依靠我與丈夫以外的人吧。對千璃而言，這個新環境是一個訓練過程，幫助她養成今後無論遇到何種狀況都能活下去的能力。

千頭萬緒縈繞於心，一下子就來到千璃即將全新出發的日子。

雖說只要準備平日住校需要的東西就好，但是搬入宿舍當天的行李卻塞滿了我們的房車。將行李放上車時，心中產生無以名狀的濃濃失落感。除了生活必需品外，我還幫千璃帶了她平時老是抱著的狗布偶，愛聽的美夢成真CD以及迷你音響組合，動身前往上州。千璃則完全不知情，似乎以為是日常兜風，好心情地坐在兒童汽車安全座椅上。

抵達學校後，與老師還有職員們見面打招呼時，再度針對千璃睡眠障礙的嚴重程度進行討論。我請校方也開立平時在晚餐後讓千璃服用的退黑激素，希望能多少幫到一點忙。

接下來還得趕著去接其他幾個孩子下課，將千璃留在學校準備出發之際，千璃突然開始哭得一發不可收拾。一定是察覺到氣氛不同以往吧。

早上下著的毛毛雨，不知不覺間已變成傾盆大雨，千璃高分貝的哭聲甚至不輸給大雨聲，響徹整條走廊。我彷彿被割掉一塊心頭肉般，眼淚撲簌簌直流。校方人員則笑笑對我說：

「請放心，我們已經很習慣這種場面了。千璃也一定會馬上適應的。」

見校方人員如此胸有成竹，也讓我轉念願意全心將孩子託付給學校，狠下心來踏上回曼哈頓住處的歸途，離開校區。長達二小時的回程途中，我幾乎處於無法言語的狀態。千璃出生到現在的大小事像走馬燈似地在我腦海一一浮現。

「不會有問題的。一到週末，又可以看見千璃的笑臉了。」

雖然我點頭同意丈夫所言，卻完全心不在焉。

住校與轉學同步進行，做父母的總感到滿滿的不安。有沒有好好吃飯？晚上睡不睡得著？半夜獨自醒來有沒有哭？當孩子離開身邊時，為人父母者應該都會產生這種失落與不安的情緒吧。離巢期與空巢期，是人生中必須克服的試煉。

早中晚，校方或宿舍人員所寄來的短文聯絡帶給我精神上的安慰。

「Seri’s transition is going really well.（千璃對於新環境適應良好）」

「Seri was little mad,but it was because of the rain,Today.（今天下雨，千璃心情有點不好）」

「Seri enjoyed to float on the water in her favorite swimming class.（千璃很喜歡上游泳課，漂浮在水面時總是很開心）」

「She tries to eat many kinds of food.（她開始嘗試吃各種食物）」

從早上量體溫開始，包括用餐情形、如何度過課後時光以及入睡時間，都會收到詳細的聯絡通知，看到這些內容我才能鬆一口氣度過每一天。在隨信附上的照片中找到千璃的笑臉時，讓我覺得選擇這所學校真的是正確的。

有時等不及週末，平日就悄悄跑到學校探視千璃的情況也不少。

千璃的室友是大她二歲的女孩。這位女孩的父親再婚，與現任太太一起撫養前妻所生的兒子，而後誕下這名患有重度障礙的女孩。一家人定居在學校附近，平日或週末只要有時間就會來探望女兒。他們會帶紅蘿蔔來餵學校豢養的馬匹，也會跟女兒一起去餵雞，共享天倫之樂。

日本的身心障礙兒童福利機構，總是位於隱密不顯眼的地點，予人低調度日的印象。不過美國的身心障礙兒童中心，住在宿舍的孩子們與家人間有緊密的連結，假日時為了方便大家與家人團聚，設有寬敞的客廳、能一起散步的廣大校區，讓我覺得這座機構真的像個家。

雖然心中的不捨並未減輕，但千璃能夠進入這個美好環境就讀的奇蹟與緣分，讓我充滿感激。

表示千璃「就像自己的孫女一樣」而對她疼愛有加的宿舍職員，是一位體格有點壯碩的白人年長婦人。

「千璃的黑髮真的好美呀！」

這位職員從早上便一直抱著千璃撫摸著她的頭髮。校方人員的愛心，總讓我深受鼓舞。

3-3 契機

這一切的契機，要回溯到二〇一一年三月十一日。東日本大地震。天然災害的威脅震驚全球。那天正好也是千璃第八次的生日。第一手消息來自丈夫同事的聯絡。馬上打開電視的我們，看著接連不斷的震撼景象，一整夜都無法將目光從新聞畫面中移開。

「日本將會消失。」

美國媒體的鏡頭捕捉到各種驚心動魄的驚險場面，不斷報導相關消息。上一秒還健在的生命，下一秒卻灰飛煙滅。目睹自己所出生的國家一點一滴被摧毀的現實，令我全身不住發抖淚流不止。

在紐約這裡可以幫忙做些什麼呢？思及此，我立刻與友人組成團體，進行募款、舉辦慈善活動。即便如此，無法直接前往日本貢獻棉薄之力，也讓我一方面莫名覺得焦慮，充滿罪惡感。

原以為理所當然的日常生活，卻在某一天突然消失。對比天底下這麼多失去家人、住宅、生存希望的人們，早上起床、眼睛看得見、能自由活動手腳、能吃到美味的食物，這些事情都絕非理所當然。相信應該不只有受災者們有此感慨，全體日本人民也都如是想吧。

在長子尚未出生前，父親因腦梗塞發作以致左半身麻痺，有一段時間完全無法行走。昨天還活動自如的手，如今卻動彈不得，雙腿也跟著僵直。顏面麻痺症狀也很嚴重，失去左耳的聽覺，以及舌頭所感知的味覺。失去活下去的希望、墜入絕望深淵的父親，當時為他帶來生存希望的，其實是眼睛看不見的千璃。

父親病倒時，剛好是我得知懷有長子的時候，因此無法前往日本探病。

在腦梗塞所導致的麻痺症狀未退的狀態下父親便出院了，而我實在無法致電關切。因為真的不知道該如何安慰身體突然不聽使喚的父親。然而，過了一陣子後，父親主動打電話給我。透過沒有麻痺的右手和右耳通話，父親在話筒的另一端似乎稍微哭了一下。

「爸爸沒事的。千璃都這麼努力了，我也會捱過復健的！」

我能感受到頑固且自尊心又很強的父親，起初該有多麼絕望。

「若有天身體不聽使喚了，我寧可去死！」

我想，過去曾如此表示的父親，因為千璃的存在，應該讓他體悟到還有一條命在就該值得感謝，進而從中獲得了活下去的力量吧。

從千璃身上獲得生存希望的並不僅僅只有我父親。千璃出生後，我一直在伸手不見五指的漆黑中徘徊，有一段時間甚至無法向前看。即便如此，千璃本身的生命力、帶著不便的身軀努力活著的模樣也為我帶來勇氣，每天都讓我再次感受到，能有生命是多麼美好的一件事。

「若我能代替天生患有障礙的女兒向周圍的人傳達她所帶給我的啟發，或許能對世上有所幫助。」

周遭親朋好友也認同我的這個想法並給予大力協助，讓我有機會能將與千璃共度的生活紀錄集結成冊，公諸於世。

「就這樣儘管放手去做，向世人傳遞想表達的訊息吧！」

千璃出生以來八年的紀錄，遠超過一千張稿紙。能否確實將心中想法表達出來的不安與恐懼雖然深不可測，但我下定決心要去完成，期盼我們母女所走過的軌跡，能為迷失亮光的人們點亮一盞燈。

「原原本本、不加修飾。」

也是我上一本著作《未完的禮物》的主題。

讓我想主動發聲的契機源自東日本大地震，就在震災發生約莫一年後，終於完成了拙著。

那是一本與多重障礙女兒共同走過的歲月紀錄。發行日為六月十日，特意情商出版社搭配我的生日上市。

雖然生活據點離日本很遠，無法即時感受到大家的反應，不過親近的友人所捎來的鼓舞激勵，對我而言是無可取代的強力支柱。

千璃出生這九年來，特別是在日本的朋友們，我幾乎沒對任何人說過任何事。對於以為我只是有個體弱的女兒需要長期就醫的朋友們而言，進一步得知我的女兒其實是多重障礙者的這項事實或許會大感震驚也說不定。不過，大家從震驚中恢復過來後，透過各種真心話、表達方式，傳來了慰問鼓勵。就連千璃誕生前原本跟我不是很親近的人，也充滿好奇的接近，對我來說其實是很令人欣喜的反應。我一如以往過著有千璃陪伴的生活。

然而經過一段時間後，素不相識的讀者們所形成的批判聲浪，如同巨大雜音般傳入我耳裡。

這些幾乎都是針對千璃義眼重建的批評、對我還在工作一事的責難、甚至還有些評論是全盤否定我的內在與人格。主要來說，這些內容所強烈主張的觀點不外乎是，身為障礙兒的父母親就應該黯然接受這項事實，在社會角落不張揚地低調過活。再加上對義眼重建有錯誤認知，所以抨擊我們不應該自私進行該治療的聲浪也很大。

身心障礙兒童的母親就不能正常在社會上工作嗎？將孩子送到托兒所或學校後上班工作，對家計不無小補。千璃出生後有一段時間，我的精神狀況跌到谷底，也的確沒有餘裕上班工作為他人作嫁。

因戰爭守寡，一手拉拔三個女兒長大的外婆教導過我，女人當然也必須具備養活自己的能力以備不時之需。為了養成這項能力我認為我無需畏懼於去向丈夫或家人、周遭尋求協助。當然，前提是得在自身責任範圍內確實做好份內事。事實上，我們家從未雇用過專職保姆。生其他幾個孩子或千璃緊急住院時，情非得已才會透過認識的人找保姆應急，或請朋友幫忙看家而已。在日本還可以拜託娘家的母親代為看顧，但在紐約只能委託第三方，而且勢必產生費用。

因此，儘管我的朋友和熟人都會請臨時托嬰的保姆來幫忙看孩子，但要是換成日本人這麼做，就會被指責是「有多餘的能力請保姆」。有些朋友會將素不相識之人的批評一一轉給我看，但我的內心已衰弱到無法承受這樣的好意。

無法對眾多批判閉上眼睛摀住耳朵，或許是我太脆弱。明明有這麼多讀者為我加油打氣，但一小部分無情的言論卻化為銳利的凶器，割碎了我的心。雖然是我下定決心要向世人傳遞這些訊息的，實際上我並未堅強到足以接受這樣的現實。

另一方面，出版社收到許多讀者的來信。

讀者們特地親手寫下信函來為我這個陌生人加油打氣的這項事實，為我帶來了光明。尤其是孩子已長大成人的年長讀者所捎來的溫暖留言，讓我大為感動。

「讀完這本書後心情很複雜。不過，若是自己的孩子與美香小姐面臨相同的處境，我想不論是誰都會希望接受更好的治療、擁有更好的生活環境。所以我非常能理解美香小姐的心情。」

我在心中暗自發誓，只許將這些充滿善意的意見牢記在心，當作迎向明日的精神食糧。

3-4 新生活型態

以《未完的禮物》這個名稱，向世人傳達千璃的故事，與此同時，千璃也似乎逐漸習慣新學校與住宿生活。

每天校方人員所傳來的聯絡報告中，「一如往常」的出現次數也變多了。從宿舍到校舍的上學途中，使用助行器（步行輔助用具）練習走路的消息也是令人欣喜的一大進步。

千璃班上有六名學生，級任導師是擁有資深教學經歷的美國女性。再加上助理人員與志工，共有四位老師負責六名學童，幾乎是一對一指導的理想環境。起初因為還不適應而老是哭泣的千璃，逐漸透過身體熟悉日常活動，笑容似乎也慢慢變多了。

在這個階段，義眼重建也面臨了新的局面。

千璃已經快滿十歲，從十個月大開始就持續接受的義眼重建手術的首要目的，也就是促進顏面與骨骼自然生長的時期即將告終。反覆進行了這項手術，但成果卻差強人意，千璃的眼窩無法如預期般大幅擴張，暫時裝上的義眼也會立刻脫出。

正當我為此感到心煩時，千璃的主治醫師，也就是任職於費城兒童醫院的K醫師捎來聯絡。內容提到因為年紀的關係即將退休，要向我們引介下一位醫師。

想繼續讓千璃接受擴大眼窩的治療，以期有朝一日能裝配正式義眼的心願雖然強烈，可是醫院離現在千璃所就讀的上州學校，以及從我們住處到費城的距離，各約一百英里（一百六十公里），要接受治療勢必得長期舟車勞頓，再想到不斷累計的手術費用等事項，讓我們大為煩惱。

要讓周遭的人們理解成長期接受義眼重建的必要性與目的也是困難重重，也無從直接向旁人告知我們殺紅了眼辛苦賺取治療費與養育費的過程。無法對外透露內心的徬徨，只能淡然地在工作與育兒上奮鬥，也讓我傾向較以往更為沉默的態度。對我們一家人而言，配合千璃的新生活型態責無旁貸。我與丈夫多次針對保護孩子們不受外界紛擾影響的方法進行討論。

首先定下的家庭規則為，即使平日各自以工作或學業為重心，週末的優先事項就是全員到齊與千璃共度時光。其他幾個孩子週六有日文輔導班要上、週日有時會獲邀參加才藝大會或朋友的慶生會。不過，一週一次全家還是必須與千璃悠閒共聚。

其他幾個孩子還年幼時，無法對外確實表達有個眼睛看不見的姊姊。身為母親的我對千璃的事都遲遲無法破殼而出了，也難怪其他孩子們會這樣。

在學校被問到家人或兄弟姊妹時，孩子們只會回答「我有姊姊，可是她身體不好，現在上特教學校」。我曾向孩子們的學校、同學父母以及身邊的美國友人交代過千璃的事。不過孩子們本身可能無法順利表達吧。為了讓他們的心理能健康成長，做家長的該做些什麼呢？這個問題，讓我的課題再添一樁。

3 - 5 私底下報恩

書籍問世後的效應，吸引了許多媒體來採訪。報社等傳媒主要透過電話或電子郵件進行訪談，電視台或雜誌社則是專程前來紐約，讓我不勝感激。

曾聽聞雙眼皆為無眼症的發生率為每十二萬人中會有一起個案，但千璃同時還併發多重障礙，這樣的病例實屬罕見，所以格外感謝各家媒體審慎進行採訪報導事實的態度。在初夏炎熱時期，為數眾多的記者或導播們造訪我們家。

我最擔心的莫過於千璃究竟能否接受初次聽見的陌生聲音以及不同於平常的氣氛。所幸採訪人員們處處貼心體恤，在跟拍過程中我們能一如以往般度過日常生活。

千璃的學校有許多多重障礙兒童就讀，在校方收過的這麼多學童當中，像千璃這種病症的孩子據說還是頭一次遇到，因此對教師們而言每天都會帶來新的體驗與發現。採訪當天，原本從未成功過的訓練大有進步，千璃甚至還在音樂教室突如其來敲響管鐘等，拍到許多「新的進步」而留下影像紀錄，工作人員都直呼是奇蹟。

二〇一一年秋，入學當時，千璃完全不會處理自己身邊的任何一件事，就連移動方式主要都是靠輪椅，甚至還無法站立行走。可是就在採訪高峰期的這個夏天，千璃在學校會自己拿湯匙進食、只要牽起她的手就會試著走動。

明明在家依賴父母什麼都不會，可是去學校後卻又獨立自主，或許是每家小孩的通病吧。千璃在家就連用餐時也只是坐上輔助椅嘴巴張開等待餵食而已；移動時我得從她背後幫忙支撐起身體，她才能勉強走幾步路。回首過往，再看看千璃在學校所展現的不同態度，我自己本身也是大感新鮮與訝異。將手伸進裝了水的容器內觸摸物品玩耍、翻動桌上的書本、扶著走廊扶手行走。儘管這是健康的一歲幼兒就能做到的事，但看到自己的九歲女兒能有這樣的進步，還是令我無限感慨。

在跟拍採訪過程中，我們還是照常過著平日生活，攝影機鏡頭完全是自由捕捉。所以孩子們與採訪人員之間有過什麼對話，我也無從得知。

「你跟來採訪的姐姐說過些什麼？」

「不記得耶。全忘光了。」

長子不靠譜的回答，讓我一直抱持著不安。

身在紐約的我們無法收看在日本的首播，不過節目播出後收到製作單位寄來的影片，看了影片之後我大為驚訝。只見影片中導播問長子：

「跟千璃在一起，有沒有覺得哪些部分還蠻辛苦的？」

「嗯……沒有耶！」

「為什麼？」

「因為她是我姊姊呀！」

長子露出微笑且不卑不亢的態度，讓我瞬間熱淚盈眶。導播真誠的剪輯製作，努力透過不同角度補足我的文章所未傳達出的完整訊息，實在令人感激。而且，從那時開始，其他幾個孩子們也逐漸敢勇於向周遭朋友談到千璃的存在，真可謂一大收穫。

另一方面，娘家的雙親卻大為震怒。在此之前他們幾乎未曾公開過孫女是障礙兒的這項事實，只向大家交代女兒夫妻與孫子們在異國平靜生活。雖然在書籍上市前有告知父母親出書一事，沒想到卻波及雙親的生活造成如此巨大的影響，父母親痛斥我該如何負起這個責任。

實際上，在這之前已好幾年音訊全無的友人或遠親，也紛紛打電話至娘家打探。愈發感到惱怒的父親，在話筒的另一端對我發出「斷絕父女關係！」的怒吼。縱然有千言萬語想解釋、想表達，但當時我只能沉默，接受父母親的嚴厲責備。對於女兒生下患有障礙的孫女，他們不曾對外透露隻字片語以維護生活安寧到現在，而我的行為帶來強大衝擊擾亂了他們的日常生活，可是我們置身異國不必直接面對這些風風雨雨，實在卑劣。我能感受到父母親這番無言的控訴。

我又陷入四面楚歌的狀況，被迫孤軍奮戰。

既不能給一家支柱的丈夫添麻煩，也不能害其他孩子無法過正常的校園生活。所以不再讓先生與其他幾個孩子在媒體前曝光，一概謝絕媒體對他們的採訪報導。

丈夫的工作依舊忙碌，幾乎每週都有國內外出差行程，偶爾回到家也沒閒暇聽我吐苦水，漸漸地我們夫妻之間的交談只侷限在孩子的成長動態，家庭生活可以說是演變成了只靠著交接事項而運作的狀態。次子接著就要上小學了，該處理的事一件又一件，我每天就是專心致力讓家人們能過正常的生活。

因為自身的軟弱，我沉默了好長一段時間，但對周遭朋友來說這當然不是一件多重大的事。大家都有各自的生活要過、各自的日常瑣事要面對，並非只有我是特別的，每個人都面臨著各種狀況。

也很感謝能透過出書的機會再度搭起友誼的橋樑，這些朋友們紛紛捎來聯絡表示想與我見個面。

「一方面的確也是想了解千璃的事，不過更重要的是想確認妳好不好。」

朋友們真摯地表達關懷讓我非常開心，也讓我決定，總之就是先直接見個面聊一聊再說。面對因為好奇或覺得好玩而聯絡我的人，若能直接把話說開或許也就能將誤會解開。

「把握機會與想見的人碰面。」

從以前開始，在工作上我一向注重時常直接會面交談的做法，也深切感受到私生活同樣適用這個道理。所以，我決定動起來實際與大家見面，私底下向周遭之人表達感謝並回報這些恩情。具體有所行動也等於透過全身的細胞感受季節與人的變化。要實踐千璃所帶給我的啟發，需要一步一腳印累積努力。

不過，我總是沒有時間。被每日的生活追著跑，只能好幾月才安排一次日本快閃出差行程。幾乎都是一下飛機就直接商討工作事宜，隔天再到娘家露個臉，旋即返回成田搭機。

某次，在我結束快閃日本行，正當準備返回紐約時，收到丈夫從家裡打來的電話。長子在浴室滑倒割破額頭，緊急送醫急救接受縫合治療。據丈夫表示，孩子的傷是在浴缸滑倒時，不慎撞上水龍頭所導致的。

「傷口落在兩眼之間，真的很驚險！」

我頓時心跳加速，整個人坐立難安。在這起意外之前，我們家只要是我或丈夫有一方不在時，孩子們就會因為生病或受傷而被送往急診，這樣的墨菲定律現象曾數度發生，而這次又再度應驗。

本以為會在電話中聽到長子的哭喊聲，但孩子本人卻很鎮定地向我表示：

「媽咪，對不起。可是我沒有在浴室跑來跑去喔！」

我們家是美式浴室，洗澡只能在浴缸內完成，因此深度頗深的浴缸對孩子們來說是絕佳遊戲場。我總是不厭其煩地提醒他們，起身時會滑，所以絕對不能在浴缸內調皮搗蛋。

雖然不知道兒子是在怎樣的狀態下滑倒的，但兩眼之間皮開肉綻，縫了數十針，一定相當疼痛。即便如此，為了不讓出遠門的母親生氣與擔心而故作堅強的長子，這份貼心讓我好心疼。

「好想趕快回家。」

回程航班過於漫長，甚至讓我陷入以為永遠都到不了地球另一端的錯覺。

第 4 章

再度進入黑暗中

4-1 深棕色眼球

如前所述，紀錄千璃出生後的生活點滴的前作問世後，收到最多的讀者反應，莫過於對千璃義眼重建手術的批判聲浪。

不論是在拙著或後續的媒體採訪中，我皆清楚說明了治療的必要性，盡可能不要引起誤會，可是「硬要讓沒有視覺的孩子接受裝配義眼的手術，是父母太自私」的聲音還是刺痛了我的心。

眼球需透過觀看才能成長。沒有眼球的千璃，眼周部分無法持續發育，導致顱骨在成長過程中歪斜。

為了盡量避免症狀加劇，配合成長進度，為眼周骨骼提供支撐，才能促進整體臉部更自然地發育。當然，裝配義眼一方面也是有著讓孩子在外觀上更接近自然狀態的考量，不能否認的確包含了美觀目的。然而，千璃眼部尚未形成能夠裝配義眼的空間，只是因為一再讓孩子接受成長過程中所需的手術，人們便對「前前後後動了三十次以上的手術」這項事實，表現出冷峻的態度。

矯正牙齒、動手術修補交通意外所留下的創傷，大家都不會有意見。為了促進眼睛看不見的孩子能更自然成長而動手術這件事，為何就無法獲得大家的認同呢？

雖然我很想理直氣壯大聲表達這些想法，卻被周遭的人們以「要找出方法來向匿名不露臉的人們喊話，需要花費更大一番工夫」的理由制止，我只能默默承受這些批評。

千璃自十個月大開始接受義眼重建手術，轉眼也已經過九年以上的歲月。由於不具有應該與臉部同步成長的眼球，眼部骨頭會不斷萎縮。為了避免這樣的狀況，每隔幾個月就要裝一次名為「義眼片（conformer）」的矽膠製醫療器材來代替眼球，不過手術過後沒多久就會脫出，每當發生此狀況就得將孩子帶往位於費城的醫院，接受當天來回的門診手術，已然是長期以來的模式。

然而，不分青紅皂白的毀謗中傷讓我十分在意，身為應該保護女兒的母親，我該做些什麼、又該怎麼做，實在進退兩難。

另一方面，千璃的主治醫師群向媒體採訪人員表示「有希望」，盡全力想辦法要為千璃植入義眼。

「下次手術時，先裝配臨時義眼看看吧！」

對於主治醫師的提議，我有一瞬間感到迷惘，不過內心其實是感到開心的。與義眼技師進行討論，被問到義眼的虹膜顏色時，心中更是有些雀躍的。

「趁這個機會，也可以考慮藍眼珠，不過應該還是想比照父母親的顏色辦理吧？」

夫妻倆笑著回應義眼技師的玩笑話。能注視著沒有眼睛的千璃雙眸這一天居然即將到來，實在令我們難以置信。大家再稍事討論後，決定依照我的瞳孔顏色，客製化訂做帶點紅色調的深棕色義眼。

手術當天，主治醫師讓我們看了一下臨時義眼，尺寸約莫比隱形眼鏡大二倍，呈現圓弧片狀。想到這副義眼片即將植入千璃的雙眼便令我心跳加速。

當天，我們一大早就掛完號，但似乎有緊急手術突然安插進來，所以不知何時才會開始進行千璃的手術。

接近中午時分才被叫進候診室，但千璃因為肚子餓不斷哭喊。寂靜的醫院內，只有千璃的哭聲回響著。到了午後才終於送入手術室，不過倒算一下才發現我已沒有時間多待，必須趕在其他幾個孩子放學前回到曼哈頓。就算從費城搭特快車，到達曼哈頓的學校大概也得花上三小時。我將千璃與丈夫留在醫院，飛奔搭上前往車站的計程車。

要從位於費城中央的車站回到紐約，必須搭乘美國國鐵的特快車。雖名為特快車，但列車不會如表定時刻準時抵達，坐在海綿墊已外露的破爛座椅上時，就會強烈感受到日本的新幹線或特快車有多舒適與優秀。從曼哈頓的賓州車站轉乘地下鐵，抵達學校時總算勉強趕上接孩子的時間。

回到家後，一邊看孩子們寫作業一邊煮晚餐。做著這些日常家務的過程中，一顆心仍舊七上八下。我並未對孩子們特別說明些什麼，但他們心裡也十分清楚千璃正在為手術努力。

丈夫帶著千璃回到家時已超過晚間十一點。途中遇到塞車，丈夫從醫院一路不停歇開了四小時以上的車，應該是筋疲力盡了，不過神情倒是從容自若。

轉眼望向帽簷蓋至眼睛的千璃，心情似乎還不壞，小小發出嗚這個聲音。定睛往她臉上一瞧，當下我便淚流滿面。千璃的眼窩中確實有眼球，是深棕色的玻璃眼珠。比想像中還更不自然，外人一看會被嚇到的那種。可是，看見女兒的眼窩中有眼睛時的喜悅真的難以比擬。雖說這是再平常不過的一件事，但擺在眼前的這項事實仍令我不敢置信。

由於千璃的眼睛沒有眼皮，所以眼睛無法閉上，睡覺時也是睜著眼的狀態。明明是很詭異的光景，我卻開心地直盯著她的睡臉不放。

我的心情彷彿初次體驗到與剛出生的孩子四目交接的新手媽媽般，心頭暖得快融化。

為了這雙眼睛，千璃與我們走過好長好長一段路。

這雙眼睛能陪伴千璃多久呢？或許一下子就脫出也說不定。未來還不知道會怎樣，儘管不安到無以復加，此時只是滿心祈求這副義眼能盡量在千璃的眼窩中停留久一點。

暑假也即將接近尾聲的八月中下旬，本身是單親媽媽，經營公司的表姊來紐約找我。對我來說，她是對千璃的誕生感到開心並接納其障礙的親人，一直以來如同親姊姊般成為我內心的依靠。她在日本的事業非常忙碌，一轉眼已睽違好幾年不曾再見過千璃。

尤其這次是千璃就讀上州學校後，表姊第一次來探望。

我們一家人連同表姊，於週末時一同前往千璃的學校。看著沒坐輪椅，讓老師牽著手走到我們面前的千璃身影，表姊大為歡喜，瞧見千璃的眼睛後有一瞬間被嚇到。那時千璃有一邊的義眼已快脫出，只能勉強用縫線維持固定狀態。不過她看完另一邊裝配著的義眼後，點頭表示，「很好，很好，以後會再裝更美的眼睛喔！」

包含義眼重建在內，一直為我們加油打氣的表姊，最歡喜的莫過於千璃能透過自己的雙腳行走，忍不住牽起千璃的手走了一下，甚至讓我產生錯覺以為我們置身於再自然不過的週末家庭聚會，因而猛按相機快門。

「也可以讓我試試看嗎？」

長子接過千璃的手後，千璃笑容滿面地開始行走。緩慢但確實將自己的雙腳往前跨出而行的千璃身影，讓我淚水撲簌簌直流停不下來。

「媽咪，妳為什麼哭？」

面對次子稚氣的疑問，我卻一句話都答不出來。只是滿心希望這番景象能一直持續下去。

之後，K主治醫師退休在即，決定為千璃進行最後一次由他主刀的義眼重建手術，同時也作為與下一任醫師的交接。

動完手術後的千璃眼窩被裝上了比以前還要大一點的立體義眼片。植入能取代眼球的立體義眼片後，能形成厚厚的一層眼皮，讓人陷入彷彿真有眼球般的錯覺。有了雙眼表情就能更顯自然，對做父母的來說真是無比欣喜。慢慢來也沒有關係，只衷心期盼千璃有朝一日能戴上正式的義眼。

4-2 陷入僵局

儘管如此強烈祈求，平穩的時光卻不長久。好不容易裝上臨時義眼的歡喜也僅維持了數週。從眼皮內側可看到若隱若現的義眼邊緣幾天後，義眼便完全脫出，實在無比短暫。

之後就跟以往一樣，一邊脫出後，幾天之內另一邊也留不住，千璃的眼睛只剩下二個空洞。因為無法閉上眼皮，所以不管任何人見到千璃的容顏一定都會嚇一跳。不過這個狀況也沒持續太久，因為眼皮開始萎縮與皮膚同化。

我們必須面對終極選擇。若在以往，遇到這情況應該會立刻採取行動，聯絡醫師安排手術日再度植入臨時義眼吧。

可是，我的內心卻明顯輸給了社會觀感。雖然明白贊成與支持我的決定的意見佔多數，由遠處傳來的批判聲浪卻盤踞在我心頭。素不相識的人們不只針對義眼重建痛批，還全盤否定了我的人格與人生，讓我迷失了內心的支柱。

「繼續讓千璃接受治療，對她本人以及全家人來說，不僅能達到更自然融入社會的效果，也能為患有相同症狀的孩子與家人們帶來希望，還請慎重考慮。」——主治醫師或周遭之人也都勸我要持續讓千璃接受治療，但我無法從心中排除從日本飄洋過海的反對意見，又再度停佇在黑暗隧道中。

要持續進行義眼重建的經濟負擔也很重。不光是手術費用，要從上州的學校往返費城的醫院，工作必須請假，還要預約臨時保姆到家裡照顧其他幾個孩子等，機會成本的損失也非常龐大。

夫妻倆經過多次討論後，向醫師告知我們不得已的抉擇。

「我們打算暫時先等這些年來的手術傷口好一點後，再來摸索更好的方法。」

義眼重建一旦稍微中斷，眼部空間就會越縮越小，必須要有心理準備面對以往至今的努力將化為烏有的現實。不過K醫師聽完後並沒有再試圖說服我們。

「我明白了。雖然我即將退休，不過千璃與你們對我而言就像家人一樣，所以我向來都很支持千璃接受治療。請務必將你們崇高的理念以及對治療的觀點傳達給日本方面知道。我的兒子J醫師會接手千璃的治療，所以無須擔心，也歡迎你們隨時聯絡我。」

千璃誕生後，抱著死馬當活馬醫的心情來到紐約大學醫院叩門，正當治療沒有起色讓我們大為煩惱時，院方為我們引薦了費城醫院的K醫師。

K醫師二話不說接下千璃的主治醫師一職，轉眼已過了七年以上的歲月。

縱使心中千頭萬緒五味雜陳，但我們想暫時停下腳步觀察看看，所以選擇回歸到一如往昔的日常中。即便如此，回首受到K醫師以及這麼多人鼓勵的過往，我未曾感到一絲後悔。只有道不盡的感謝。

4-3 重逢

義眼重建雖然就此中斷，不過千璃與我們的生活找回節奏，倒也顯得安穩。不安穩的反而是我這一顆老是受挫於第三方意見的心。面對看不見的敵對人物，雖然知道應該表現出堅毅的態度，然而世間對障礙兒家長的偏見、養育障礙兒的好奇目光，在在令自己想躲起來。

千璃似乎能確實分辨自家與學校、家人與老師的不同。雖然有時會因為在學校的新體驗刺激而顯得神經質，不過一回到宿舍就能恢復平靜的聯絡報告也令我感到欣慰。我總是祈求，願千璃的幸福時光能一點一滴慢慢增加。

翌年開始，我們的新挑戰於焉展開。以往至今全家的作息都必須配合千璃的生活型態，但顧全其他幾個孩子們的心理平衡也是至關緊要的課題。

孩子們每周六都在紐約上日文輔導班。在家裡則規定他們講日文。不過對於他們兄妹之間的日常對話愈來愈常依賴英文表達的現象，讓我感到憂心。

我希望有朝一日能帶千璃回日本探親，不過屆時這些孩子們究竟能否確實把日文說好呢？是否具備能確實接受日本文化或日本教育的心態呢？

如前所述，美國的學校課程會在六月下旬結束。趁這個時候前往日本，剛好是日本學校放暑假前二、三週，可以讓孩子們體驗日本的教育。周遭的日籍家庭也都是這麼做，所以我們也思考了夏季短暫歸國的可能性。

自千璃誕生以來，我們全家人未曾一起長期旅行過。即使夫妻倆能交互安排單獨出差，卻無法丟下不能搭飛機的千璃不管。

然而千璃開始住校後，平日在時間的安排上變得寬裕許多。二〇一三年，我下定決心，在夏季第一次帶其他幾個孩子短暫歸國。將近一個月的期間，將千璃託給先生帶。對於每到週末就得請丈夫擠出時間陪千璃這點的確過意不去，但我想讓其他幾個孩子趁著這個時期體驗日本的學校生活。

孩子們剛開始雖然顯得緊張，不過似乎一下子便習慣了日本學校的氣氛。與娘家附近的小朋友們一起踢足球、練習騎自行車，從早到晚玩得一身泥。每天的作業或漢字測驗雖然學得頗吃力，日文會話能力卻在短時間內突飛猛進，令人眼睛為之一亮。我一邊對千璃與丈夫感到抱歉，一邊在睽違許久的家鄉度過夏天。

停留日本的這段期間，有機會與幾位友人和她們的孩子們共進午餐。其中在工作上對我提攜有加的N氏企業，其夫人R小姐也是座上賓。我與R小姐的夫婿共事已久，加上彼此孩子們的年齡相近，所以與R小姐的私交也不錯。餐後，她對我耳語道：

「美香小姐，我想跟妳說一些事。」

「是遇到什麼煩惱嗎？」

「其實，我好像懷孕了。」

「這樣啊？真是恭喜妳！」

「我還沒跟先生說這件事。因為目前實在沒自信再生養孩子。」

她膝下有三名子女，老大讀國中，年紀最小的女兒才剛上幼稚園。目前全家人所居住的地方離東京有段距離，若接下來要再多添一位寶寶，也無法請雙方家長或家人幫忙。

「若跟先生說了，他一定會很高興。可是我本身卻無法想得如此樂觀……所以才想請教美香小姐怎麼有辦法在美國生養四個孩子。」

「我們家最下面的二個孩子只差一歲，嬰幼兒期簡直就像在帶雙胞胎那樣辛苦，甚至累到記不太起這段時期的事。不過，帶其他幾個孩子真的輕鬆很多，往往令我讚嘆原來孩子能靠著自己的力量不斷成長。」

分享了一些不太具有參考價值的自身經驗談後，當天就此踏上歸途。

儘管很關切R小姐的後續發展，不過考慮到進入穩定期前的孕婦心情，我決定還是靜靜守候就好。

過了一陣子，收到她所寄來的電子郵件。

「那次聚餐過後，看了好幾次美香小姐的書，心情也變得比較樂觀積極。既然要把孩子生下來，就得開心度過孕期，所以希望自己每一天都能過得很充實。生產前我會去一趟紐約，屆時再一起吃個飯喔！」

雖然我並沒有提供實質上的幫助，如果能因為養育四個孩子的過來人經驗，多少為她帶來勇氣與扶持，那麼我們一家人在這裡或許是有意義的，這樣的想法讓我的心裡覺得很溫暖。

4-4 青春期

暑假前半段在日本度過的模式，大幅改變了我們一整年的行程安排。從前整個暑假都是我與千璃二人關在家，現在千璃則參加上州學校所舉辦的暑期課程。其他幾個孩子前半段在日本努力學習，後半段回到紐約，每天都在一日夏令營玩得不亦樂乎。

不過，這個夏季在日本尋找短住地點也費了一番工夫。

娘家的父母親都生了大病，不論是體力上或精神上皆無法應付孫子們。雖說是一家人，但已有各自的家庭，長期處在同一空間便容易產生齟齬。我也曾多次面臨與雙親之間的衝突快要一觸即發的狀況，為了不讓彼此的關係持續惡化下去，只好離開娘家寄居表姊或朋友的空房子等。一想到日本已經沒有可以寄身的地方，便覺得孩子們很可憐。

幾度輾轉的寄居生活，住的雖是親戚或朋友家，不過一次帶著三個精力旺盛的孩子打擾也實在是過意不去，最後只好忍痛砸錢，以旅館為家。帶著累積的待洗衣物前往新宿中央公園附近的投幣式洗衣店時，正好遇上要使用投幣式淋浴間的街友們。孩子們起初有點嚇到，隨後也就漸漸習慣，甚至還會跟每天碰面的街友點頭打招呼。

在我們停留日本的期間，收到丈夫以下的聯絡。

「千璃在學校似乎情緒欠佳，動不動就哭。我會去了解一下情況。」

丈夫在夏季繁忙期頻繁往返美國國內出差，不太有時間待在紐約。要在平日忙碌的行程中撥出時間，歷經單趟二小時，來回四小時的車程到上州關心女兒的情況也著實辛苦。雖然很對不起丈夫，但我人在日本也愛莫能助。

帶著日本學校的教科書、美國的朗讀讀本，以及一整套新添購的文具等一大堆行李，我們返回紐約了。

友人帶著兒子們的牽牛花來接我們。在我們出發前往日本前，她表示願意在這段期間代為接手，多虧有她一整個夏天的悉心照顧，牽牛花們花繁葉茂。能繼續寫下暑假的觀察日記，孩子們歡天喜地。

翌日我們立刻前往探視千璃。好久不見的千璃，對我們的呼喚僅微微笑了一下，隨後似乎又不開心地哭了。據校方表示這陣子這樣的狀況總是會持續好幾天。學校宿舍有專任護士看顧，不過她再三叮嚀我們還是要預約診所接受診察。

千璃從十歲過後就已經開始出現生理期前徵兆。自從六歲前動了大手術後，千璃急速發育成長，甚至讓我覺得細瘦乾癟的幼兒期彷彿已是遙遠的記憶。因無法獨自行走，運動量很少，吃下去的東西便成為身體長肉的營養。身高超過一百三十公分左右後，成長步調趨緩，第二性徵比想像中還要更早出現。

作為母親、同為女人，要讓丈夫在千璃生理期間幫忙換尿褲這件事讓我覺得抗拒。千璃的身體從頭到腳，都已經開始在為蛻變為成熟女性的階段做準備。雖說千璃可能無法了解女性尤其不想讓父親察覺的纖細情緒，可是我本身卻覺得惆悵不已。

在診所做了檢查，結果也找不出原因。很有可能是初經剛來的頭幾年，生理期不穩定以及不規則出血的情況斷斷續續，再加上排卵期的情緒低落所造成的。雖然我認為八成是賀爾蒙不平衡在作怪，不過千璃本身無法理解生理期這個身體現象，讓我覺得很難過。

邊安撫著不停哭泣的女兒，邊想到終其一生我的女兒可能都不會體驗到戀愛或生產等生而為女性的喜悅時，感覺又將再度陷入漆黑隧道裡。

4-5 校園生活

千璃平日所就讀的特殊教育學校，距離曼哈頓一百英里（一百六十公里），位於紐約郊區（上州）某大型職業訓練中心的一角。

訓練中心的報名年齡為五歲到七十八歲，約有五百名身心障礙人士為了培養自身的技能而加入。成員分別來自世界各地，據說高達十七個國家。日本的「職業訓練中心」、「身心障礙福利機構」這些名稱給我的印象總有些封閉，但這裡完全沒有這種感覺。

占地約有一座山大小的機構內，農園、酪農場、學校、診所分散各處。在這裡身心障礙者與一般人一起工作，同時進行食物學、農業學與化學研究。還有一座聚焦於進食障礙的研究所，針對「吃」這項人類基本行為，訓練學員能獨立完成，也是這家學園的特色。

其中，二十二歲以下的孩子們則在學校，也就是特教班接受教育。據資料所示，目前的在校生約二百七十人。學生們的上課時間為平日上午九點至下午二點半。因住家太遠無法通學而住校的孩子大約有一百五十人。供學生生活的宿舍有好幾棟，千璃的宿舍是一幢很大的木造平房，約有十五名學童入住。

機構內有專屬護士與管理人以及職員和志工。員工人數與學童人數不相上下，需要通勤與輪值。

千璃的一天從早晨量體溫展開。

患有睡眠障礙的千璃，有時會在半夜醒來，天快亮時才又睡著。即便如此，宿舍人員還是會在早上六點半叫醒她，量測體溫、上廁所、換下睡衣穿上便服。從早上的盥洗梳理到吃早餐為止這一連串過程全須借助他人之力，所以轉眼間便到了上學時間。

到學校後首先前往自己的班級，全班一起上早課。班上六名同學雖都患有重度障礙，不過主要是以肢體不便伴隨發展遲緩症狀的學童為軸心，老師與助理認真朗讀書本的內容並向大家提問，不過卻沒有任何學生能回答。即便如此，他們每天早上依舊傾注關愛朗讀書本、向學生提問。光是看到這樣的精神與態度，便能感受到他們對教育的熱情以及對孩子所付出的愛心，令人為之動容。

午餐前，有個重要任務等著千璃來完成。那就是推著推車前往配膳室領取班上同學的午餐。老師會在教室內根據每個孩子的處方箋，將食材剁碎或打成泥來準備午餐。每個孩子的障礙程度不同，餵食的方式也各有差異，因此級任導師會與助理分工合作，花很長的時間讓孩子用完餐。

下午主要是PT（物理治療）與OT（職能治療）的個別授課，會有很多項目需要活動身體。下課後，孩子們會分別在宿舍人員的帶領下回到宿舍，度過休閒時間、用晚餐、沐浴。

一日作息規律地周而復始，首先能讓千璃的心理狀態保持穩定。平日完全是在學校與宿舍生活，所以只能靠校方人員傳來的聯絡訊息了解情況。在我們家則會跟其他幾個孩子聊到不知千璃今天過得如何。

「今天千璃不知道吃什麼菜？」

「如果是常出現的雞肉，想幫她加這個醬。」

「千璃喜歡田園沙拉醬，下次帶去給她。」

孩子們的對話總是會提到千璃，彷彿千璃人就這裡，跟大家一起說話似的。

某日，我的手機收到一通語音留言。

「千璃在學校跌倒受傷。目前沒有大礙，不過她哭了很久，等等會帶她去醫院。」

我聯絡人在公司的丈夫，打算立刻趕往上州，但丈夫無法從會議脫身。

「我們先請校方觀察到明天看看。如果情況生變的話再連夜趕去。」

半夜雖未收到校方的緊急聯絡，但我直到早上都寢食難安。

隔天一早將其他幾個孩子送到學校後，我與丈夫便前往上州。直奔宿舍後，護士告訴我們千璃正常到學校上課。一抵達學校教室便看到千璃坐在角落的課桌旁。

「千璃，早啊。妳還好嗎？」

對千璃說完這些話後，她皺著臉，感覺很不高興地發出低吼。我牽起她的手，要讓她觸摸我的臉，她卻將我的手一把揮開。

「怎麼了嘛？」

拉起她的手臂一看才發現從前臂到手肘、上臂，有一大片擦傷以及瘀血的痕跡。瘀血有點偏藍色，一看就知道接下來會演變成一大塊瘀青。捲起褲管查看，發現膝蓋與小腿也有同樣的傷痕。小孩在外面玩經常會受這些傷，但對千璃而言，走路必須有人牽手輔助，怕她會因此恐懼與人牽手。

「今天為了讓千璃恢復平常心，所以讓她以自己的步調度過。」級任導師於刃有餘的對應，讓我覺得很放心。我也不再勉強千璃牽她的手，只是摸摸她的頭與臉頰，跟她說說話。

幸好過幾天後千璃的傷勢痊癒。我們又恢復了一如以往的日常生活。也讓我每日深刻感受到，看似平凡無奇的日常其實有多美好。

滿十二歲的千璃，在這階段恐怕只有二、三歲幼兒的理解力與體能。不過正因為相信她還有很大的成長空間，我們也齊心協力一同守護她每日的成長。

即使如此，無法看著親骨肉的雙眼來進行溝通的遺憾，將永遠在此持續下去。

第 5 章

隧道出口

5-1 突如其來的離別

二〇一五年秋，在日本的姊姊傳來了緊急聯絡，內容為母親因腦梗塞發作而緊急住院。

雖然一直惦記著娘家，卻也沒有頻繁保持聯絡。每當收到來自日本的消息時，往往都是「發生緊急事態」的狀況。陷入昏迷而被救護車送往醫院的母親，在我趕到醫院時，奇蹟似地恢復意識，病況已回穩。

「我本以為這次真的不行了！」

看到父親在沉睡著的母親枕旁眼眶泛淚時，我只能責備自己的不孝。經過精密檢查後，院方告知我們，為了預防母親腦梗塞再度發作，幾天內必須動手術。

無法陪伴母親直到她康復，隔天晚間我就必須從成田飛回紐約。

探視完母親的回程中，順道去了一趟位於代代木的工作坊。這是讓我傾心四個半世紀的珠寶設計師的工作坊。工作坊的主人N氏，對我而言是「美學師傅」，如同教父般的存在。大學剛畢業時，好朋友約我來工作坊逛逛，自此結緣，進而學習到何謂真正的美學、哲學。剛成為航空公司空服員時，師傅告訴我：

「美香，世界各地公認的美麗事物，儘管看個夠。即使現階段有看沒有懂，也一定能培養審美眼光，總有一天會豁然開朗。」

我遵照師傅的吩咐，遍訪了世界各地的美術館。二十來歲的年輕女孩，能藉由國際線職務之便，為尋求世界中的美麗事物而踏遍各地，這是多麼奢侈的寶貴經驗呀，我總是心懷感謝，拖著因時差而昏昏沉沉的身心到處觀賞藝術作品。

當我向師傅告知千璃一出生就沒有視覺一事後，師傅紅了眼眶。

「美香，妳所要做的就是努力傳達。可以透過話語、透過味道或感覺來向千璃傳達美麗的事物。一定要一直堅持下去喔！」

師傅總是說「美香是有任務在身的」，不斷為千璃與我們的生活加油打氣。不管我做什麼，他都會給予鼓勵：「很好呀，很有美香的作風。」

「藝術家能藉由創作表現出美麗的事物，但要教出一顆美麗的心只有母親才做得到。」

不論是多分秒必爭的出差行程，只要一有空檔我必定會前往娘家與代代木的工作坊露個臉。雖然每回的拜訪都沒有事前聯絡或預約，但師傅永遠都坐在工作坊的固定位置，彷彿早就算到我會在哪一天的哪個時間找上門來似的，沉穩地微笑迎接我。

我總是一口氣向師傅交代完近況，暢所欲言感到無比滿足。而師傅總會在最後，給予稍微嚴肅的訓示。

出自師傅巧手的作品不僅令我著迷，堅毅與柔情兼具的男子氣概更是令我十分欣賞。師傅本身也稱不上身強體壯，卻總是關心我的健康。

「美香，要好好照顧身體喔。替我向先生與孩子們問好。」

今天順道來工作坊一趟，師傅一定也是笑著表示歡迎吧。我一如往常拉開大門。

「您好。」

工作坊內只有一名女員工在。

「美香小姐，我與您是初次見面，不過經常聽到N老師聊到您。其實老師從上週就因為身體不適而住院。」

「發生了什麼事？」

據說老師從一個禮拜前便持續輕微發燒。當我追問，症狀嚴重到需要住院是嗎？女員工則顯得一臉為難。我打算直接去探病，試著聯絡了與N師傅很親近的O

女士，卻沒收到回音。女員工就連醫院名稱都不肯告訴我，讓我覺得有些納悶，只能帶著牽掛的思緒前往成田機場。母親的手術、師傅的住院，全都讓我放心不下。

回到紐約後，我只能回歸原本的生活不再多想。早上起床後打掃洗衣、白天整理累積的郵件、開會、傍晚去接孩子們下課。某天一邊安撫著喊餓的孩子們，順道繞去超市購買晚餐食材時，收到了一封手機簡訊。

「美香，N氏已於今日清晨過世。生前承蒙關照了。」

這封簡訊是與N氏在一起十多年的O女士發來的。我不明白究竟是發生了什麼事。下一瞬間，購物籃鬆手掉在地上而我則哭到不能自己，甚至連湊近身邊的孩子們都無法進入我的視線。

「媽咪，怎麼了？」

「媽咪，站起來嘛。大家都在看耶，這樣好奇怪喔。」

「聽說代代木工作坊的N先生過世了……」

「怎麼會這樣？不是還約好要一起吃飯的嗎？」

長子拉著我的手道：

「媽咪，加油。等回到家再哭個夠。」

魂不守舍地結完帳回到家。聯絡了人還在公司的丈夫時，他也在話筒另一端哽咽說不出話。我們夫妻倆真的受到N先生諸多照顧。

我什麼都不想做，在日落西山後的漆黑公寓中大哭特哭。我雖認為孩子們其實不懂死亡真正代表的涵義，但目睹母親前所未見的傷心姿態，他們似乎也察覺到了什麼，只是靜靜等待父親回家。曼哈頓公寓內的空氣完全凝結。

「妳就代表我們全家出席，好好做完最後道別吧。」

丈夫為前幾天才剛從日本回來的我訂好了再度飛往日本的機票。「代表我們全家的話，應該是你出席才對。」我向丈夫如此表示，無奈他的工作行程著實無法挪出空檔。

「其實秋天時我有向N先生訂做手鍊，不知道進度如何。或許才做到一半還在鑲嵌師傅那裡。」

我在那年夏季尾聲弄丟了長年以來相當愛惜的手鍊。丈夫找N先生商量後，N先生允諾「那我會設計一個世上絕無僅有的款式，做出一條超適合美香的手鍊」。沒來得及遵守約定便仙逝的師傅，總讓我覺得他人還在那裡。

離別，實在太過突如其來。手邊沒有像樣的喪服，只能火速打包所需之物直奔機場。回日本的這十四個鐘頭的飛行時間，讓我覺得無比漫長到令人昏眩。

剛過完六十九歲生日的師傅，秋天見面時還跟我說要再工作個十年持續創作。工作坊的桌子跟平時一樣散亂，設計稿放在哪裡、做到一半的作品是怎麼帶出去的，如今都成了未解謎題。工作坊的日常還原原本本攤在那裡，甚至無法令人真實感受到主人已經不在世上了。

「美香，我死了以後，希望妳能把我所有的作品都拿去美術館。最好是大都會藝術博物館，拜託妳啦！」

師傅突然撒手人寰，未留下遺書或遺言，唯一的家人只剩妹妹，被周遭的意見所擺布。生前如此愛戴師傅的這些人，在我看來卻加入醜陋繼承權之爭的戰局，令我坐立難安。

「師傅曾清楚交代過我，所以請不要讓如此優美的作品被埋沒。請幫師傅將這些作品轉贈美術館。」

話雖如此，師傅從事的是講究信用的珠寶生意，必須結清應付款項。若無人願意繼承包括債務在內的遺產，那所有資產就會被扣押。師傅窮其一生所創作的心血都將化為烏有。

就像人一有名氣時，號稱是親朋好友的人就會變多一樣，沒想到遺產繼承也會顯露出如此赤裸的人性，讓我感到愕然。若我有足夠財力，或許能盡量買下許多作品，說不定能為師傅的債務償還出點力。

可是，目前的我所能做的只有持續宣揚師傅的功績讓世人知曉，以及委任律師為師傅的遺產歸途做出合適的判斷。我一邊回想著銘記於心的師傅語錄與思想，持續將腦海中的師傅寫成文字。關於遺物的去向，我沒有立場置喙也沒有資格出手處理，但我想好好思考該怎麼做才能告慰師傅在天之靈。

「痛快哭一場，哭到淚乾為止，好好地去跟師傅道別。」

對我跟師傅之間的情誼知之甚詳的前輩所說的這句話讓我不再強忍悲傷，哭到不能自已。不論是在撿骨時，還是踏上歸途時，我都哭到快喘不過氣來。都說人的幸福並非以人生長短來衡量，但師傅的生命盡頭也未免太孤獨又寂寥。如「孤高的藝術家」一詞所形容般，師傅迷失了方向，無法釐清自己的作品目標，晚年為了掩飾其孤獨，只是一味地創作。

我從師傅那裡收到許多無形的禮物，卻無以回報。接下來的後半段人生，我一定要完整落實從師傅的人生中所學到的各種理念。二〇一五年的臘月讓我再度面臨新課題的同時也即將落幕。

至今我依舊能清晰回憶起那個情景。千璃出生時，師傅專程搭機不遠千里來到紐約，撫摸著千璃的臉頰。

「很漂亮呀，長得很漂亮喔！」

師傅是第一位稱讚生來患有眼部與鼻部缺陷的千璃「漂亮」的人。師傅現在一定在只有內心真正漂亮的人才有資格前往的世界守護著我們。

5-2 聖誕禮物

與前年同一時期相較之下，這個冬天並不算嚴寒。話雖如此，與日本青森縣位於同緯度的紐約，氣溫動輒為攝氏零下十度左右，每天都必須裹著長大衣與長靴度過。

住在紐約後，手邊的衣服大都會偏向黑色或暗色系。秋冬的展示櫥窗雖然也會陳設雪白的毛衣，一想到美國洗衣方面的劣質，就覺得難以下手為衣櫥增添新色。首要考量是能夠居家洗滌，如果送到附近的乾洗店，就必須做好心理準備衣服不會再是原本的白色。縱然也有喜愛穿上亮麗色彩三天兩頭參加派對的朋友，不過一般民眾的生活之所以會如此乏善可陳，或許是受到平日裡被低調色澤包圍的影響。

再過不久聖誕節即將到來。我想每位父母應該都有同樣的小煩惱，思索今年該送什麼禮物才好。長子已差不多到了會對聖誕老人存疑的年紀，但似乎為了禮物而選擇閉口不談。

我在國小高年級時心中也大概有個譜，有時雙親比我還早睡，但隔天早上枕邊還是會有禮物，我不知道該在哪個時間點跟父母親說這件事，也就這樣漸漸長大。

現在換自己養育孩子遇見多到數不清的狀況，才能一一體會到當時父母親的各種心情。

平日某一天，我與丈夫一同造訪千璃的學校。一家人在家裡共聚、跟其他幾個孩子玩在一起的時間主要集中在週末，所以與我們見面時，千璃總會進入假日模式，完全讓人伺候，表現出需要被全面照護的姿態。由於很久沒看過千璃的日常校園生活，所以這天我們悄悄造訪，暗中觀察千璃的情況。

默不作聲進入千璃的教室後，六名學童正在上朗讀課。由於各自患有重度障礙，因此沒有孩子能像普通生般唸出書本內容。嘴巴開開坐在輪椅上的孩子、一把捏皺書頁一動也不動的孩子、抬頭一直閉著眼睛的孩子。千璃則是坐在椅上，跟平常一樣左右擺頭發出「嗚」的聲音。明明跟丈夫說好先靜靜觀察就好，丈夫卻忍不住出聲：「千璃，是爸比啦！」

千璃立刻停止擺頭，再度發出「嗚」的聲音。

「千璃。」

這回她似乎胸有成竹微微笑開來，發出「嗚」的聲音。千璃認得我們的聲音，讓我覺得很開心。級任導師對千璃說：

「千璃，讓爸比媽咪看看妳負責的任務吧！」

級任導師站起身，扶著千璃的手臂。

千璃在導師的帶領下，抓住位於教室角落用來代替垃圾桶的塑膠箱。附有長把手的回收垃圾桶內有幾個大型寶特瓶。接下來她們出了走廊，移步至別棟建築。抵達垃圾場後，級任導師將寶特瓶一一遞給千璃。千璃戰戰兢兢地抓住寶特瓶後直接丟入大型回收箱內。這就是千璃所負責的任務。

其實整個過程幾乎都是級任導師一個人完成的。以學童職責的名義，不厭其煩地帶領他們每天從事同樣的例行性任務，光是這樣便莫名令人覺得動容。

回到教室的路上，級任導師接過塑膠箱，讓千璃右手握住白手杖。

「來，千璃，試著一個人走走看。」

我緊張地屏息以待。

千璃握著白手杖，緩緩往前跨出雙腳。在雙腿有點開、身體有點左搖右晃的狀態下，小心謹慎地走了起來。只不過連一公尺都不到她便扔開白手杖。級任導師忙不迭地將手伸向千璃。千璃露出鬆了一口氣的表情抓住導師的手。

接下來換丈夫握著千璃的手陪她練習走路。這雖是平凡無奇生活篇章中的一頁，但我拼命想留下紀錄而抓著手機準備按下快門，也想讓其他幾個孩子看看千璃努力的身影。

「試著把手放開。」

導師如此指示，丈夫便悄悄放開千璃的手。千璃彷彿尋找什麼似的左手仍維持向前伸出的姿勢，不過步伐卻相當穩健。一連走了五步、六步再度抓住丈夫的手後，似乎是安下心來地發出「嗚」的一聲。

我仔細感受著眼前的奇蹟是千真萬確的事實，不由自主地落淚。

孩子終於會走路的那一瞬間。健康幼兒的父母親在孩子一歲左右時便能體會的感動，千璃卻等到生肖已過了一輪，花上十二年以上的歲月才能做到。然而一想到上天還是確實將這瞬間送給我們時，心中著實感慨萬千。提聖誕節還太早，但這真的是最棒的聖誕節禮物。我認為這是師傅送給千璃和我們的最後禮物。

年末。一邊倒數計時，再度想念起師傅的笑容，我又哭了好幾次。不論是怎樣的離別，只要活著就能期盼有朝一日能在某處再相見。深切思考再也見不到面的悲傷以及生命重量的同時迎接新年的到來。

5 - 3

庇護所

某天我收到一封信。寄件人是住在美國洛杉磯的高中同學，以前也曾在紐約工作，每隔幾年我們會在美國見一次面，不過我從未提及千璃的事。

「我慢了好幾拍，現在才得知千璃的事。前幾天去日本時剛好看到書，非常驚訝。同樣都住在美國，實質上我卻無法直接幫上任何忙。可是畢竟朋友一場，還是想向妳表達我的關懷。擅自寄這些給妳或許顯得太雞婆，還請妳留著以備不時之需。」

隨信附上金額龐大的支票。我除了感到非常驚訝之外，同時也浮現滿滿的歉意。

我總認為眼前若有人遇到困難，我會說出自己所能提供的具體幫助。可是當實際上並沒有自己可以幫得上忙的地方時，我可曾像這位朋友這般確實傳達自己的一番心意嗎？不，我總是會在某個點心生猶豫，結果只是原地踏步而已。

我對她的善意大為感動，並對自我本身羞愧到無地自容。她的做法絕非流於同情的惺惺作態，而是詮釋出我的人生目標「做自己有能力做的事」應有的立場姿態。

環顧周身，不知不覺間有許多人開始為我加油打氣。在紐約因為工作或私交而來訪的朋友、熟人也很多。聯絡我表示「想見面」的朋友，我就盡可能赴約；從遠方寄來電子郵件的朋友，我也滿懷誠意地回信。我想好好珍惜這些緣分。

以往至今不曾捎來消息的友人與我聯絡，提到「其實自己有個自閉症的妹妹」；兒子曾動過腦腫瘤大手術的友人一向不忘對我表達關懷；也有友人表示「沒有特別跟周遭明說，但我有個耳朵聽不見的哥哥，所以我會手語」。

某天，有位朋友利用週末突然前來紐約。她也是必須帶孩子的職業婦女，雖說只是離開日本幾天的短期旅行，但留在家中的孩子該由誰來照顧、交代先生與安排臨時保姆等一定也是煞費苦心。

儘管這趟來訪有些突然，卻也無法對獨自出遊的她置之不理。由於我很不習慣自己一個人外食，朋友雖是單獨旅行，至少別讓她在用餐時感到寂寞，所以我盡量擠出時間，請她來我家坐坐，也把孩子們一起叫來聊天、帶她去美術館等等，轉眼間就到了她要回日本的日子。

「突然來訪實在很抱歉。能夠見到美香真的很開心，也玩得很愉快。」

看著她略顯落寞的笑容，我問道：

「發生了什麼事？」

她稍微遲疑了一下，面露苦笑道：「嗯，發生了很多事，很多很討厭的事。不過已經無所謂了。見到妳、見到千璃，讓我覺得一切都不要緊了。我的煩惱實在太渺小，蠻丟臉的。」

我沒再深究，想笑著送她離開。每當與日本友人道別時，我總是感到不捨。所以才想表現得淡然自若。

紐約與東京的距離遠超過一萬公里，對於來訪的友人們來說，這個距離似乎也成為一種救贖。毅然決然造訪與平日生活截然不同的世界，大家往往會震懾於這座城市的活力，因而能夠客觀地重新檢視自我。真的說到做到突然來訪的友人甚至不只一、二人。大家都帶著從外在看不見的心事，為了尋找啟示而來到這座城市，而後終究會回歸自己現在所屬的天地。

當我與千璃二人不知何去何從而四處徘徊時，曾有朋友對我表示：

「如果有我幫得上忙的地方，儘管跟我說喔！」

但真正開口請求只來家裡幫忙看顧千璃一小時，卻被朋友找理由回絕了。其實這也是人之常情，畢竟代為照顧孩子伴隨著重責大任，萬一目不能視的千璃整整哭嚎一個小時也很頭大。再說每個人的家庭也是各有狀況。

正因為如此，我也學到，向他人伸出援手時，「具體傳達能做到的事」有多重要。或許無法找出真正的解決對策，但若有人來向我尋求協助，我也期許自己盡可能為其提供穩定情緒的處所、具體表達自己能提供的幫助。

我甚至認為自己若能成為地球另一端的「庇護所」也算功德一件。這些全都是千璃教會我的。

5-4 玻璃眼珠

再怎麼擔憂苦惱，時間還是確實地一點一滴流逝。

居住於紐約的猶太裔人口眾多，每當孩子即將滿十三歲時，就會舉辦「Bar mitzvah」這個盛大的慶生會。十三歲就算躋身成人之列，這個慶生會據聞就好比成年禮儀式，換句話說，從前在這個年紀就準備嫁人的女孩應該也很多吧。紐約有很多富裕的猶太裔家庭，所以聽說若孩子被朋友邀請參加猶太成年禮儀式，做父母的反而更緊張，需要做好心理建設。要讓孩子穿什麼樣的服裝、帶什麼樣的賀禮，父母親們會為了剛成為青少年的孩子們卯足全力做準備。

東日本大地震剛好滿五年的二〇一六年三月十一日，千璃迎接了十三歲生日。

我因為工作在身當天無法與千璃共度，再加上積勞成疾導致身體不適。不但感冒惡化，副鼻腔炎更為嚴重，還因為劇烈頭痛而無法起身。週末我在意識矇矓的情況下被送往急診（ER）。

雖然經常因為孩子們生病或受傷而直奔急診，不過等到自己被送進來才清楚看見醫院的另一面。不得不說這裡不愧是紐約的醫院，在我所躺著的候診室沙發旁，不斷有受槍傷或心臟病發作失去意識的患者被送進來。自己雖病得一蹋糊塗，但沒有生命危險的病患會被擱到最後才看診也是無可奈何的事。

醫師終於來了，對我進行問診，就連開個抗生素處方都要花好長一段時間。身體很不舒服再加上等待的時間過於漫長，回到家整個人已精神渙散。結果後續仍昏睡了好幾天。生下千璃以來，除了孕吐不適以外這還是我第一次睡成這樣。頭痛欲裂到躺著也會流淚。目睹母親無法起身的模樣，孩子們也跟著情緒低落。

我總是思考在這裡的生活能持續到何時。

在養育四名子女的同時，還能持續保有工作的環境讓我大為感激。只不過，在這裡生活愈久，我愈熱愛日本，愈能體認到身為日本人有多值得驕傲。不僅日本料理的熱潮不見衰退，正因為日本文化在紐約獲得普遍認知，更讓我覺得想念日本。所以，我想將這份思念活用於工作上，向全世界更加大力推廣日本人的巧手與職人精神。

二〇一六年四月十四日，早上把孩子們送去上學後，跟平常一樣打開電腦打算整理郵件時，看到了頭條新聞。熊本似乎發生了大地震。雖然接著出現「無海嘯之虞」的消息，但地震規模與受災情形卻尚未明朗。

我回想起五年前的東日本大地震，心臟怦怦猛跳。聯絡了應該在辦公室的丈夫，不過似乎正在開會遲遲沒有收到回覆。孩子們上學去了，這裡的時間一如往常般流逝，但無法詳實掌握祖國所發生的大事，讓我的一顆心懸在半空中。

過了好幾個鐘頭後，總算得知住在熊本的兩位同學與家人都平安無事。不過其中一位同學是熊本日日新聞的報社記者，對他來說，平安無事的使命就是讓這一天成為長期追蹤採訪地震相關報導的起跑日。而我既無法向任何地方表態，也無法提供具體援助。每當發生緊急狀況時，我總是比任何時候都要強烈感受到人在海外有多無能為力。

告訴放學回到家的孩子們日本發生地震的消息後，長子說道：

「家沒有了，那一家人不就沒辦法在一起了？」

「發生地震時，如果爸比或媽咪不在該怎麼辦啊？」

次子如此表示。

「我們去接千璃嘛！」

溫柔敦厚又比較容易焦慮的長子要我現在就立刻驅車出發。

「千璃眼睛看不見，遇到地震一定很害怕。不知她會不會有事？」

我刻意保持沉穩口氣告訴他們：

「千璃現在也還在學校努力生活。日本發生了地震，可是現在我們什麼忙都幫不上，只能先從自己做起，最重要的就是每天努力把日子過好。我們不要打亂千璃的日常節奏，等週六再一起去接她吧。」

遵守與孩子們的約定，週末全家總動員前往千璃的學校。千璃留長的頭髮被剪短，看起來略顯稚嫩。她的髮量很多，剪短後攏成一束時的分量大概有我的拳頭這麼大。瀏海也被剪短了，傷痕累累的眼周附近有點顯眼。

雖然考慮近期再度開始讓千璃接受中斷近二年的義眼重建手術，不過要從上州的學校跋涉至費城的醫院，需要強烈的決心與大把時間。從前完全沒將義眼重建手術放在心上的其他幾個孩子們，現在卻很愛問我相關問題。

「千璃的眼睛已經不會再變大了嗎？」

「就算看不見也幫她裝玻璃眼珠嘛！」

「外表變可愛千璃也一定會很開心的！」

「等我長大以後，一定要幫千璃治好眼睛，可是那就太晚了啦，現在就幫她治好嘛！」

孩子們過於直白的情感，總是射穿我的心。

這年的春天姍姍來遲，氣溫也一直難以上升。四月的上州，氣溫大約十度上下，要在戶外走動需要穿羽絨外套。讓千璃穿上毛茸茸的外套，她便知道這代表要外出而一臉笑咪咪。

千璃伸出右手抓住我的左腕，左手則舉到臉頰旁轉來轉去，似乎藉此取得平衡開始踏出步伐。

我們家無法為千璃購買昂貴的輪椅，所以直到幾天前她都還是坐瑪格羅蘭的嬰兒推車外出。推車已無法承受千璃的重量，不但框架彎曲變形，椅面布料也即將破裂。

「以後應該不用再坐嬰兒推車了吧？」

「回家後就把那台推車扔了吧！」

終於能把嬰兒推車處理掉這件事令我百感交集。

大多數的一歲幼兒會開始走路讓父母甚是歡喜，我們一路走來卻花上十年以上的工夫才有辦法體會到這份喜悅。

雖然惦記著原本的日常生活在一瞬間被奪走的九州居民，也深刻體會到我們的無能為力，只能在這裡靜靜過日子。居住在接連遭到恐怖攻擊的巴黎友人，也表示同樣的看法。

離開日本定居異國雖出自種種考量，但這絕不代表忘記或拋棄日本。我是無時無刻都想念日本、為祖國祈禱、支持祖國的日本人，也常常告訴孩子們希望他們也能如此。

在我將千璃的障礙與治療情況公諸於世後，受到許多素不相識之人的毀謗中傷，讓我大受打擊感到沮喪，切身體會到表達這件事有多難。不過其他幾個孩子則單純感到開心能讓更多人得知千璃的事。從前被問到姊姊時總是不知如何回答而保持沉默的弟妹們，如今則很理所當然地接受「眼睛看不見的千璃」這項事實。

5-5 救世主

一切要從住在日本的高中同學所傳來的一封電子郵件說起。他的雙親所屬的某個團體委託我進行演講。門外漢如我，真的夠資格對著許多聽眾侃侃而談嗎？這點讓我感到十分猶豫。在這之前雖也曾獲得機會在小場地分享千璃與我所走過的路，可是這次演講會場規模很大，我只能回覆「再給我一點時間考慮」。

這些同學死黨們，對我而言是不可多得的存在。若有人表示想從政，大家會從世界各地寄予支持；若有人生病，大家便會撥出時間前往探望。從十幾歲就結識到現在，無涉利害關係的友誼令人全然信賴。也是死黨之一的這位男同學，過去曾在一夕之間下半身突然失去知覺，目前仍無法行動自如，留下了從外觀上看不見的後遺症。

「醫生一度向我表示要一輩子坐輪椅，當下真的很絕望，但是得知了妳的努力後，就覺得自己不能認輸。」

當他捎來聯絡時，再次讓我體認到每個人都被上天指派了不同的習題。

「大家就算再辛苦也是裝得一派瀟灑。所以只要原原本本將妳最赤裸的真實情慼娓娓道出就好。」

我既不是職業作家亦非教育研究者，更沒有任何特殊專長足以為他人指導解惑。

然而，這個演講的主題是「生命的寶貴」。得知千璃的先天障礙，當時那種走投無路的心情；對人生絕望，不斷想從高樓公寓頂樓一躍而下的時期。正因為千璃向我發出「想活下來」的訊息，現在我倆才有這條命、才能活在世上。我希望能夠真實分享這些過往，遂回信答應接受邀約。

七十分鐘的演講過程中，預計於開場與結尾各播放五分鐘短片。

「一分鐘換算成三百～四百字，六十分鐘的講稿大概準備五十～六十張稿紙內容就可以了。」

朋友如此建議，可是一旦思考該說些什麼才好時便遲遲無法動筆。再加上每天被育兒與工作纏身，結果只能在飛回日本的班機上大略寫下講稿。

二〇一六年初夏，東京都內某演講廳。明明梅雨季尚未結束，太陽卻從早上就高掛天空，是相當炎熱的一天。早上八點起數千名聽眾陸續進場，高達上百名的朋友和熟人到場為我九點的演講助陣。面對架設著好幾台螢幕的廣大會場，我緊張得雙腿直發抖。朋友們所入座的保留席位於三樓正中央，距離過於遙遠完全看不見大家的表情。

然而，會場內來自各地的聽眾特地撥出時間前來參與活動，讓我非常開心，光是這樣便覺得彷彿獲得無敵神力的加持。一邊在腦海中一一回想每位到場助陣的朋友面容，一邊大口深呼吸。

起初所講的內容完全按照講稿進行。不過在前半段，打算與千璃一起跳樓的情景在腦海裡重現時，我的記憶就變得很紊亂。每當回首這段往事，當時的苦痛與面對死亡的恐懼這兩種情緒糾結交織，總是讓我亂了方寸。從這裡開始我的記憶便曖昧模糊，時間也就這樣過了。

會場傳來抽噎聲與如雷的掌聲，七十分鐘結束了。同學們在休息室等著迎接我。

「辛苦了。我也是邊聽邊忍不住落淚。真的很謝謝妳願意接下這次的演講活動。」

之後我陸續收到許多感想。除了表達對千璃與我們全家的鼓勵與支持外，也有很多聽眾分享自身的遭遇或經驗，讓主辦單位又驚又喜。而我則再次體認到，每個人都有不為人知的煩惱，都想在某處尋得救贖。

演講最後所播放的影片讓聽眾們實際感受到千璃雖然顫顫巍巍，雖然需要人家扶持，但仍一步一腳印向前行走的模樣。

「看到以前書上所描寫的千璃真的長大了，光是這樣就讓我好感動。」

「千璃自己拿著湯匙的樣子鼓舞了我，讓我意識到能將食物送到自己口中這件事本身就是奇蹟。」

這些訊息並非是由我一人向外傳遞，而是千璃努力活著所為我們帶來的啟發。演講活動的反饋，似乎也為我指出新使命。即使在看不見也不會說話的情況下，千璃每天都為我帶來擁有生命的可貴、活著有多令人感恩的啟示。這些啟示就由我來代替千璃發聲吧。讓我們有勇氣活著、持續給予我們支持的人們，對我們而言都是救世主。

第 6 章

表達想法

6-1 幼時記憶，「東」之教誨

黑柳徹子女士的《窗邊的小荳荳》是在我上國中不久後看完的。外婆買來後，我被岩崎知弘女士的封面插圖所吸引，讀得津津有味。開卷便覺得彷彿是在講我所就讀的「武藏野東學園」（東京都武藏野市）。書中所描述的尊重每位兒童不同的個性，加以培育使其發揮天賦的教育，在在與我的母校理念不謀而合。

千璃剛出生時，我無法相信眼前的事實。不過一路相伴走來，有時會覺得「或許因為我是適任人選所以千璃才來到我身邊」。

如同第2章所述般，在武藏野東學園上小學時，一般不被視為普通生的孩子們名正言順地在一般班級就讀。所以當然會接觸到這些同學的母親們，並切身體會到，誕下障礙兒的可能性其實人人皆有。

從我進入娘家當地的公立國中就讀後，幾乎沒有機會直接與東學園同學見面。不過有幾位同學聽說立志成為東學園的教師而在大學畢業後回到母校任教。

昭和50年代（1975～1984）在我還是小學生的時候，歐美似乎已出現「自閉症為腦功能障礙」的研究報告，不過當時的日本對自閉症的理解尚淺，提供融合教育將普通生與特殊生編在同一班的學校很罕見。東學園針對擁有不同背景、來自不同家庭的各班學生，提供許多不照課本走的獨特課程。

東學園的教育理念以及對自閉症兒具有高度成效的「生活療法」這項教育方針，反銷回美國，波士頓東分校目前有一百多名自閉症兒就讀，而且不限美國國內，據說為了孩子的治療而從歐洲舉家遷居的也不少。

即使是現在我也依然受到同窗同學們的許多幫助。

數年前的聖誕節，我與東學園的同學同時也是三歲就認識的兒時玩伴，一起參與某家電大企業名為「未來聖誕老人」的專案。從日本全國各地兒童所寄出的信件中選出三百封，再由能夠未卜先知的「未來聖誕老人」寄送影音信回覆的企劃活動。針對每位孩童所寫的內容，一一回覆使其對未來充滿希望的內容，是一個很有愛的專案。

收到這份工作邀約時，心想不論內容為何，只要是這位老朋友委託的我一定會接，後來回想起來，才恍然大悟到影音信不僅能靠視覺也能憑聽覺讀取，果真是主打未來風的作法，而更加充滿幹勁。未來聖誕老人會回顧孩童們這一年的歷練，嘉許孩子們的努力，並做出預言「我所看見的十年後的你」為孩子們帶來夢想。

「千璃，雖然妳平日在宿舍生活沒有與爸媽同住，不過妳已經會自己吃飯了呢。每天同學們都很期待妳當午餐值日生為大家送來飯菜喔。我啊只要定睛一瞧，便能看見十年後的世界。未來的我看到千璃的眼睛能看見，與弟妹們在森林裡跑來跑去的模樣喔。呵呵呵。」

未來聖誕老人是否也會願意來我們家呢？「誠心祈求便能實現」是真的嗎？若聖誕老人真會到來的話，請賜給千璃雙眼吧！猶記得自己當時很認真許下此願望。

東學園的教誨在我的人格養成上紮下深根。

「寫一手漂亮字」這個課程教我們手寫文字能表現真摯的心意、每日的校園生活中都會接觸到自閉症兒，也學習到體貼待人的「友愛之心」。不被周遭左右，徹底貫徹自己所能具體做到的事，持續保有勇氣朝向「剛正堅強優美」之路邁進。面臨人生抉擇的場面時，我總會回想起這些教誨。

由我統籌規劃資助藝術家的群眾募資活動，後來得知原來東學園的同學們也暗中展開行動，讓我很是訝異也很是感動。

許多年都不曾見面了，只因為「老同學在推這個活動」便捐出大筆款項的這個舉動，完全體現了學園所倡導的「友愛之心」。

不論是否患有障礙，不論怎樣的孩子都會在某方面擁有傑出的天賦。徹底讓此天賦得以發展的教育方式，乃東學園創辦人積極導入美國的自閉症兒教育所確立的理論。就算無法根據教科書內容來學習，全體師生持續與自閉症學童一起探索活得自在的方法，是我從小耳濡目染的美式教育環境。

無眼症加上重度多重障礙的千璃，今後究竟該如何養育呢？基於丈夫的工作與千璃的治療等因素，當時我們的考量中並沒有回日本這個選項。東學園的在學記憶以及出自美國或許對障礙兒來說生活環境是比較友善的期待，讓我們一路摸索為女兒尋找學校。

美國並沒有身心障礙手冊這項制度。不以等級來判斷障礙的程度。站在這個觀點來看，美國社會可謂早已落實「尊重每一個體」的體制，與此同時，若個人沒有確實提出主張的話，就無法受到生活或教育方面的保障。

夫妻都在工作，但要湊足孩子們的醫療費、養育費、生活費卻也絕非易事。單身時代掙下來的存款已然見底。不過，住在高稅率的紐約，繳納稅金可享有的好處是能接受許多優質教育與制度。現在，我們就是讓千璃在她目前所需接受的教育環境中度過，並隨時查詢新資訊。

走在紐約街頭會忍不住跟日本街道做比較。在這裡除非是大車站否則不會設置電梯或手扶梯。人行道上沒有導盲磚、過馬路時也沒有會發出聲響的交通號誌。明明路口四個角落都有設置垃圾桶，習慣髒亂市容的人們卻隨手將空罐亂扔。

照理說這地方住起來應該很不舒適，但獨自一人拄著白手杖或坐輪椅上街的人之多，令我驚訝。帶幼兒出門的媽媽們面不改色地推著打開的嬰兒推車搭地下鐵。這種時候不曾看見有乘客擺出嫌惡的神色。周遭的人會主動關切，當事人也落落大方地尋求周遭的幫忙。

這是否出自宗教所宣揚的鄰人愛或博愛主義等理由雖不得而知，不過，正面接納障礙者與弱勢者，盡自己所能提供具體幫助的景象，在日常生活中是隨處可見的。

另一方面，回到日本時會發現，不只是公共設施，就連家庭產品的通用設計都很普及，對障礙者而言硬體面的建構益發完善進步令人感激。曾有人將自行車停在導盲磚上引起網路砲轟，國民在這方面的意識水準也很高。

相較之下，在路上會主動詢問是否需要幫忙的人卻很少。通勤電車上，附近明明站著年長者或障礙者，只顧滑手機或擺明了裝睡的年輕人硬是坐著不讓座，讓我深深覺得在軟體面的觀念改革上，美國領先半世紀以上。

相模原的身心障礙福利機構發生十九條寶貴生命被奪走的兇殺案，在美國也有報導這起慘絕人寰的新聞。

「身心障礙者是社會包袱，應該從世上消失。」嫌犯的這句話也讓我們感到震顫。

如同教養孩子沒有標準答案一樣，教育與環境的選擇亦不存在正確解答。尤其是幼齡階段，只能透過親子一起探索找出對孩子而言最好的狀態。只靠家人長期照護體格已無異於成人的身心障礙者是有困難的。父母親要做出將孩子送到福利機構的決定也一定非常心痛不捨。自己的骨肉在好不容易才尋覓到的地方落腳卻惹上殺身之禍，一思及這些父母親的心情就覺得非常痛心難過。

不論醫學再如何進步，我想身心障礙者也不會從世上消失吧。先天性障礙、後天性障礙、外表看得見的障礙、外表看不見的障礙。就像眼前出現不同膚色的人會覺得再正常不過那般，理所當然地接納身心障礙者的社會是否還很遙不可及呢？

根據在日、美兩國生活的經驗，我想確切傳達的觀念是，軟體面也就是心態養成的教育比硬體面更需要落實到日常生活中。

6-2 正視身心障礙者的社會

會得知《四分之一的奇蹟》這部紀錄片，完全出自偶然。在紐約上映時與導演會晤，進而想更加認識出現在片中的特教學校老師。巧合的是，我的朋友正好經手這名女老師的紐約宣傳活動，所以我們很快就成了朋友。

被大家暱稱為「小加子」而備受愛戴的這位老師，不管面對什麼人，一概等同視之。不論是對障礙兒、黑道幹部、大富翁還是街頭藝人，都同樣打招呼，道「早安」說「再見」。身分雖是特教老師，卻不拘泥於師生間的長幼輩分，對待每位障礙兒的態度就像面對無可取代的一名朋友般。小加子透過筆下的繪本與故事，持續訴說人類之間本應存在的理想園地，讓我獲得許多勇氣。

另外一位人稱「阿姐」的女性，總是能帶給我啟示。「阿姐」是我閨蜜小N的姊姊。學生時代，小N一家人把我當成親生女兒般疼愛。阿姐出社會後，被原因不明的重症纏身，全身肌力一點一滴流失。必須接受身體逐漸變得不聽使喚的現實該有多掙扎痛苦，是我無法想像的。不過即使是必須過著輪椅生活的現在，她仍舊繼續在公立國小任教。

千璃目前所就讀的特殊教育學校，除了正職員工外，還有許多志工與學生在這裡服務。宿舍二十四小時都有護士輪值，其他與千璃交好的職員也是從早到晚都有人在她周圍守護。其中千璃最為信賴的一名女職員表示：

「千璃是很聰明的孩子，什麼都知道。」

即使千璃因為鬧情緒哭喊個不停，讓我完全束手無策時，她也是冷靜安撫千璃，與她互動好幾個小時。

普通兒童與父母之間也是會互相耍賴或耍任性，此時當第三方介入時，親子關係就會瞬間變得融洽，同樣地，障礙兒與父母之間自然也會出現這樣的狀況。這名女職員比我這個當媽的更加理所當然地將千璃視為社會上的一員對待。

二〇一六年臘月。表姊從日本來出差時，想去看看許久未曾探視的千璃平日生活，大夥們便驅車出發。前往上州大約二小時的車程一路上與表姊聊得開懷。一抵達學校後，校方人員便朝著我們跑過來。

「快點到外頭去，今天聖誕老人會來喔！」

不只是學校教師與學童，宿舍職員與附近居民也紛紛集合。

「究竟是什麼活動啊？」

「總之，先在外面等吧！」

上州的十二月。氣溫未滿十度的寒冷天氣，還刮著強烈冷風，讓千璃穿上厚實的羽絨外套後，我們在校區外的道路旁等待活動時刻的到來。

首先看見巡邏警車出現，一路駛近，開始進行交通指揮。再過一會兒，搭配著輕快樂音的巨大「聖誕特快車」這台拖板車於焉登場。聖誕老人與身穿布偶裝的卡通人物從車上翩然降落，載歌載舞表演了好幾首迪士尼曲目。最後還飄起了人造雪，聖誕老人便消失在冷風的另一端。整場演出為時大約一個小時。

這是一場媲美百老匯音樂劇排場的大手筆活動。在這一小時中，孩子們樂壞了，此時沒有身心障礙的有無與男女老幼之分，大家一起歡唱熱舞。千璃稍微被突如其來的巨大音量嚇到，不過還是跟著丈夫穿梭在表演場地中，展露笑容。

「聖誕特快車」，無法從外觀看出贊助單位。若在日本，拖板車上會大大標示出贊助企業名，宣傳意圖十分明顯的情況或許還挺多。好奇心強的表姊還詢問了校方人員與警察，不過得到的回答如出一轍。

「聖誕老人就是贊助商呀。他是從夢想國度前來的。」

當然，要辦如此盛大的活動，背後一定有具相當水準的企業贊助，包括在場地周圍戒備的當地員警以及與孩子們互動的相關人員，全都徹底守口如瓶，十足美式作風。看秀時身心障礙兒童們興高采烈的模樣，注視著他們閃閃發亮的眼神，我打從心裡希望有朝一日能讓千璃看見這些表演。

近年來「發展障礙」、「自閉症」、「亞斯伯格症候群」……各種有關腦功能障礙的研究持續發展，這些醫學名詞本身也變得很普及。

「孩子有發展障礙讓我很煩惱。」

「我兒子有通過鑑定，所以可獲得比較長的應試時間。」

不分日、美，有許多對發展障礙孩子的教育感到煩惱的家長們向我尋求意見。被鑑定為身心障礙，也可說是被貼上「你不是普通人」的標籤。健康檢查報告中，不論判定結果是A還是C都不算有病。就算是D以下被評估為「疾病」的判定，日後也有可能力挽狂瀾，可是一旦被鑑定為「發展障礙」，就很難再被判回「普通人」。

外觀上的障礙更具有特殊的難處。無論是先天性還是後天性，若身體某部位帶有缺陷障礙，除非回到母體懷胎前的受精階段重新來過，否則是無法扭轉乾坤的，正因為如此，才需要周遭人們將每位身心障礙者視為獨立個體並予以認同。

日本的特教班制度漸趨完善，熱心障礙者教育的教師也變多，許多年輕學子來美國的教育現場觀摩，是很令人欣喜的現象。接下來該如何才能晉升至下一個階段呢？

這條路離平坦還有一段很長的距離。所需要的不單是障礙者的直接教育，還有周遭人們對軟體面的觀念改革。生來身體再健康的人，也難保不會遭受不測風雲導致身心受損。「人有旦夕禍福」，任誰都無法否定這項可能性。

打造對障礙者來說更容易生活的環境固然也是一個方法，除此之外，我深刻體會到，培育周遭人們不吝具體伸出援手的愛心更是我們這個世代的使命。我認為，假以時日這樣的觀念與作為，必能對未來的主人翁產生正面影響。

6-3 美國的醫療實情

千璃一出生後，還沒被母親抱過便被送往新生兒加護病房（NICU）。接下來是漫長無止境的頻繁就醫、無數的檢查與義眼重建。美國不像日本有完善的健康保險制度，即使任職於公司行號也不等於適用醫療保險。必須各自與保險公司簽約，購買個人醫療險。

下定決心要與天生沒有眼睛的女兒攜手走下去後，醫療費用的現實問題一再威脅到我們每一天的生活。

美國一般的醫療保險，保險公司有簽約配合的保險事業單位，只有加入該組織的醫療機關或醫師所提供的診療才得以適用保險。然而，千璃所需的特殊專業領域醫師，大多不含括於先生經由公司所購買的保險單位中。義眼重建手術必須事先繳交超過一萬美金的費用，有時只是幾分鐘的診察就要收三百五十美金，我們總是為了該如何攢出費用而大傷腦筋。不僅是視覺障礙，包含發展遲緩在內的多重障礙一經確診後，接下來為了申請障礙者適用的聯邦醫療保險制度，必須再三與州政府進行交涉。

在這段期間，不只是千璃，其他幾個孩子也常因為突然受傷或生病而掛急診，每當遇到這種情形，想到請款單的金額便會心跳加速。

現在美國大約有四千八百萬人，換算起來，每六位國民就有一位沒有加入醫療保險，基於這個原因而無法或不願去醫院就診的個案也相當多。即使病倒被送往醫院，因為支付不了巨額醫療費，形同半夜逃跑般逃離醫院的患者也大有人在是不爭的事實。

千璃幼兒時期所就讀的啟明學校，有一位亞洲男孩跟她同班。這名男孩的母親總是從早上就待在學校的等候室織毛線直到放學時間。我們家都是我與丈夫趁著工作空檔輪流接送，不太有時間在等候室靜候。

某一次，男孩的母親向我搭話。

「妳怎麼好像一直都很忙呀？」

「因為送其他幾個孩子去托兒所後的這段時間還得去工作。」

「也不用這麼拚啦。我丈夫就只做兼職工作而已。妳看，這些奶粉全都是聯邦醫療保險給的。」

除了高齡者與障礙者適用的醫療補助制度「聯邦醫療保險」外，還有針對低收入戶推出「醫療補助計畫」這項制度。據聞從他們察覺男孩患有視覺障礙起，父親便辭去全職工作，刻意靠打工來限制所得。當然，母親也不上班，專心照顧兒子與女兒。

從她所穿戴的物品來看，一點都沒有生活貧困者的樣子。事實上有些人會鑽法律漏洞，薪水領現金而不申報所得乃美國的現狀，所以他們應該也是自有一套巧妙的辦法吧。

我的心情很複雜。明明認真工作、認真買醫療保險、認真接受療育，努力照最老實的作法走的人，反而吃最多苦頭的這種美國醫療制度，似乎也讓我窺見美國社會矛盾扭曲的一面。

昂貴的醫療費有時能換到接受美國最高竿、最先進醫療服務的機會。千璃幼兒時期所接受的眼窩擴張治療，使用了名為hydrogel expander這個當時全球最新的醫療器材。儘管彼時這項醫療技術的臨床病例尚少，在日本要通過核准必須花上好幾年的歲月，但能為自己的骨肉提供當時最好的選擇是很幸運的。

出生時臉部中央只有扁平扭曲的骨頭與孔洞的千璃鼻部，動了開顱大手術後，扭曲的鼻樑獲得重建。儘管目前外觀上仍有異常，不過機能缺陷與呼吸障礙已獲得顯著改善。能接受宛如神乎其技般的大手術，也是因為千璃在美國紐約這塊土地出生的緣故。

將來，接受巧手日本醫師所主刀的整形手術或許是比較見效的。不過在當時、那個年齡能接受那樣的手術，讓千璃的身體機能有了突飛猛進的成長，至今我依然心存感激。

對於在美國懷孕、生產、展開育兒生活的我們來說，當時別無選擇。不，說不定有其他選擇，但身為父母只能一一摸索為孩子選出最完善的路。

在日本的雙親因為心臟病發，接受了動脈繞道這樣的大手術，出院時需要繳交的費用數字，讓我驚訝。與美國相較之下幾乎差了一位數，個人所需負擔的金額很少。讓我再次感受到，日本是醫療如此有保障的國家。

幸好自己本身從孩提時代起未曾生過大病，也不太記得在健檢等方面付過多少醫療費。反而受傷次數比生病還多，母親總是嘆道，照X光醫療費就會貴很多。即便如此，從旁觀角度出發，便能真正感受到日本的健康保險有多好。

美國的醫療保險不適用於牙科與眼科矯正。牙齒定期健檢要價數百美金、臼齒治療千元美金上下、配眼鏡所做的眼科健檢也要數百美金。不論哪個項目，價格都與日本相差一位數。美國人工作是為了支付醫療與養育開銷這句話一點都不假。

在預防醫療體系方面已很健全的日本，積極宣導超過四十歲的民眾接受全身精密檢查，公司行號也提供定期健康檢查的制度。美國的醫療技術不論再多進步，若未加入醫療保險則無法受此恩惠，形同本末倒置。更讓我深刻體會到日本這個國家對大眾提供許多平等的恩惠。

6-4 食物與藝術的力量

學生時代盡情欣賞了喜愛的藝術作品。出社會後，也頻頻造訪海外美術館，因為工作性質的關係，也學習了許多有關料理與服務方面的知識。定居紐約後，收到很多日系企業或藝術家、職人們的洽詢。大家都在尋找跨足世界的機緣。

我熱愛日本與日本人，傲視全球的日本職人好手藝令我肅然起敬，也備感驕傲。所以我想盡一己之力與目標進軍世界的人士攜手合作。

經常被問及，在美國這塊土地誕下患有重度多重障礙的女兒，仍舊持續工作的理由。

我想應該有些意見會認為我應該放棄一切工作，專心帶孩子就好吧。實際上，夫家方面當時不論是婆婆還是大姑、小姑都是專職家庭主婦，應該也無從想像職業婦女是怎麼一回事吧。

另一方面，我本身對於持續工作一事沒有半點猶豫。其實我並不知道丈夫當初對此抱持著何種想法。即使案件規模不大，只要有委託找上我，丈夫就會主動接手照顧千璃，全面給予協助。

必須照顧孩子但還是選擇繼續工作的理由是出自目前生活的經濟考量。再者，考慮到將來，我的想法也是盡可能持續工作。

在紐約，為了兼顧工作將孩子送往托兒所是不會受到任何非議的。即使孩子是障礙兒，母親也能正常去辦公室上班，只要做好分內職責，因為家庭因素而早退也不會遭受批評。奉行功利主義的美國人，會秤斤論兩地衡量孩子的養育開銷與薪水所得，若後者擁有較高的價值，便會全力選擇工作。工作，其實也是一個從社會人士的觀點出發，再次檢視自己與家人生活的機會。

千璃誕生後，一直讓我大為苦惱的就是英文方面的問題。包含學生時代與上一份工作，使用英語的機會並不少，在英文會話方面具有一定的實力。然而考量到首度在美國生產，便毫不遲疑選任「會講日文的醫師」。可是結果卻是領教到醫師仗著會講日文，執業態度吊兒郎當的種種離譜行徑。

後來千璃的定期就醫、選學校、醫療官司，所有情況都以英文對應，也一路解決了許多課題。我曾不下數次想到如果這裡是日本、如果這些都用日文的話該有多好。但還是得面對現實，一一克服處理，一步一腳印地往前進。

如果沒有語言的隔閡，或許能更簡單地突破困境。如同先前所述般，只因為「會日文」這個理由，便收取令人咋舌的高額手續費的現行仲介公司，令我存疑。

若有日本人跟我面臨同樣的狀況而吃足苦頭，那我願意配合對方的經濟條件開出合理的價碼為其代勞，化身幕後推手，希望有志之士勇於挑戰能夠一展身手的機會。

協助日本人進軍美國的大公司很多，各個都是擁有輝煌戰績的經紀公司。具備龐大預算的大企業一定會毫不遲疑地委託這些公司處理仲介事宜吧。我所經手的客戶，主要是與大企業方針不合而轉換跑道的公司或個人企業主想試身手。每件委託我都竭盡心力一一處理對應。不過如果是我認為超出自己能力範圍的案件，則會為客戶介紹其他同行。

雖然同時必須撫育重度多重障礙的女兒，不過身為一名職業婦女，有必要明確交代自己做得來以及做不來的項目。站在專業立場接受工作委託時，沒有必要註明家庭因素，也沒有人想觸及。言明能做到的項目，不論是多小的工作都必須確實做好，我相信這就是獲得信賴的方式。

近年來，個人主要經手食物結合藝術的活動。

憶當年，讓無法吸奶的孩子插上鼻胃管，只求能夠攝取到維持生命機能的營養，即使母女淚漣漣還是得抓緊食物這根救命稻草。守護著現在也只能吃切成一口大小煮得軟爛料理的女兒，同時思考餐點為人類日常生活所帶來的幸福。因此我想為以此為職志的廚師們盡一份力，也跟充滿熱忱的廚師們結下不解之緣。

要同時體會「食物與藝術」的樂趣，必須有視覺輔助。自從千璃出生後，有很長一段時間我都不曾接觸過視覺藝術，不過能夠透過五感體驗的藝術終究為世人所需，所以我認為會一直發展傳承下去。

由於我經常跟其他幾個孩子分享，自己是抱持著何種想法來協助參與活動的廚師與藝術家，所以他們對這方面也表現得非常積極。

「媽咪，下次會是什麼廚師來參加？」

「媽咪這麼拼命幫忙，千璃以後一定不會煩惱沒有東西吃。」

「我們校長說希望媽咪再辦藝術活動耶！」

語言不過只是一種溝通工具，其實不用透過語言也應該能夠串起全世界。語言的隔閡雖是永遠存在的課題，不過能夠在紐約這個世界馳名的大都會一隅，像這樣為日本人盡一份心力，或許是因為千璃在此出生，而我們現在還在這裡才有辦法做到的任務之一。

6-5 身心障礙的姊姊

自從千璃誕生以來，我們夫妻就成了戰友。

我們立誓要盡最大的努力，盼孩子能健康成長。

每天會發生各種狀況，也會有小衝突。可是若我們不全力互相扶持，則無法守護孩子。周遭雖然也有很多盟友，但真正感同身受願意接納女兒障礙的，說穿了或許只剩有血緣的家人而已。隨著其他幾個孩子出世，家族成員逐漸增加，再度產生新的問題。

長子出生時，首先很開心也感激孩子有雙眼而且身體健康。同時也想到，他會在何時意識到有一位「身心障礙的姊姊」、何時能接受這項事實、何時能克服這個心理糾結呢？若真有命中注定這回事，那千璃出生來當我的女兒是命，其他幾個孩子的誕生也都是命。

長子迄今仍記得常常一起跟著千璃去醫院的事。

「費城兒童醫院的候診室也有這種玩具耶！」

「在等開刀時大家一起吃的中國菜，實在有夠難吃的。」

他經常跟弟妹們一起講到這些事。

他們三個一定也很想多跟母親撒嬌。不過，當我抱著哭個不停的千璃時，三個孩子們會一起玩、吵吵架然後又玩在一起。當我餵千璃吃飯時，他們就安靜看電視等我。再加上我總是分身乏術的關係，三個孩子從嬰兒期便養成在床上獨自入睡的習慣，就學前便學會自己洗澡。

雖說我也是奉行母親所採取的做法，對每個孩子一視同仁，「用心但不事必躬親」的方式來育兒，不過注意力總是會偏向千璃。其他幾個孩子的心理成長一直讓我很牽掛，但是當我忙著照顧千璃時，沒有一個孩子會任性吵鬧。

「這個星期天是我好朋友M的生日派對，我不能去，可以先寫生日卡片送他嗎？」

「我來幫忙餵千璃吃飯。不先餵她吃完的話，媽咪就不能幫我們做晚飯吧？」

二女兒作夢時，總是大聲說著夢話：「媽咪，等我變成有錢人要住大房子。媽咪好辛苦，我會幫千璃買一台可以幫她洗澡的機器人。」

其他幾個孩子用自己的方式關愛千璃，即使週末無法和朋友相約出門，也願意接受我這個做母親的想法，將家人相處的時間列為最優先事項。

其他幾個孩子在幼兒期時，幾乎不曾對外提及有個「身心障礙的姊姊」。

我曾事先告知托兒所與小學師長們家中的情況。級任導師也似乎沒刻意對他們多追問些什麼，孩子們過著再平凡不過的校園生活。或許是沒有必要特別主動說些什麼，又或許是無法完善表達也說不定。

前作《未完的禮物》問世時，其他幾個孩子已上小學，在認知上也有些改變。稍微會對外提及姊姊的事。有時會突然問我千璃眼睛看不見、不會說話、不會走路的原因。

「千璃為什麼眼睛看不見呢？」

我用淺顯易懂的詞彙向孩子做說明。

「千璃在媽咪肚子裡的時候，得到原因不明的疾病，眼睛無法正常成長就出生了。」

「不過千璃還是覺得我們倉本家好，所以才選擇來報到吧！」

孩子們說的話有時會讓我心頭為之一顫。孩子們對千璃出生的看法原來如此正面，讓我覺得很欣慰。

從以前到現在，我經常對其他幾個孩子表達我一貫的想法，那就是「你們完全沒有照顧千璃的義務」。

「千萬不要覺得將來必須負起照顧千璃的責任。」

我總是跟孩子們如此表示。

儘管我的孩子患有障礙，不過身為一名社會人士、身為一位女性，必須透過各種方式讓家庭以外的社會對這方面有所關注，總有一天才能反饋到孩子們的世代是我的信念，所以才持續工作到現在。我也對孩子們說，不必因為手足關係就強迫自己背負有個「身心障礙姊姊」的包袱，而是要一起讓這社會變得更容易生活，首要之務就是將來成為能對自己負責的大人。我告訴孩子們，若他們能對社會有所貢獻，日後應該就能為包括千璃在內的身心障礙者提供更容易生活的環境。

其他幾個孩子已快進入叛逆期，從早到晚開口閉口就是「不要」，兄弟妹之間也常劇烈爭吵。不過每個孩子都待千璃非常好。只有在週末時我會給千璃跟平日不一樣的點心，每當我忘了買回來時，長子就會提醒我，

「媽咪，妳有買千璃要吃的瑪德蓮嗎？」

與身形較為高大的長子相較之下，次子與次女嬌小許多也還很貪玩，然而與千璃散步時，總會率先牽起千璃的手。

對做母親的而言，自己的孩子沒有排名差別，每個都一樣是心肝寶貝。可是在

我們家，萬一發生什麼事時大家要最先保護千璃的這個默契，或許是透過平日的生活態度潛移默化，而非言語。

我與丈夫的母語都是日文，能教孩子功課的程度也有限，不過要體貼弱勢者這件事，應該是身教起了作用吧。就像我在東學園的校園生活般，「跟障礙兒做同學是再平常不過的環境」，家有障礙兒就是我們日常的一部分。

萬一哪一天我倒下了、萬一哪一天我死了，千璃該如何活下去呢？

以前大姑與小叔一家人曾在美國住過一段時日。不過目前在美國我們沒有任何親屬。千璃並未取得日本國籍，在日本的家人也無法接養。在日本戶籍上，終身孤獨。

對於家有障礙兒的父母親而言，一定會想到若自己先走後，接下來孩子該怎麼辦。若孩子健康正常，父母親的目標就是培養孩子在適當時期自立，進而獨當一面並自食其力。儘管我們相信千璃尚有許多可能性，但就現代醫學觀點而言，千璃的眼睛絕不可能看得見，即使其他障礙慢慢開始有些許改善，仍舊必須借助他人之力才有辦法生活。

從前千璃除了我與先生之外不相信任何人，在她拒絕接受其他人餵飯的時期，我曾認為「這孩子沒有我就活不下去」。可是，狠下心來將她的平日生活完全交付到他人手裡後，千璃漸漸拓展了自己的世界。或許也有必要去對相隔遙遠的家人或朋友，詳細交代清楚千璃的存在與障礙。

孩子總有一天會自立，離巢期與空巢期勢必會到來，也許我們家只是稍微提早經歷這個過程而已。雖說孩子們都是獨立個體，培養他們具備獨自生活的能力是家長的職責所在。當然，待千璃從現在的學校畢業後，全家人能再度一起生活的環境是不可或缺的，因此也必須確實奠定我們的生活基礎。

前幾天看了一部影片，是在NHK播出後引發話題的特別節目「鏡頭下的身心障礙妹妹」。

影片中長期照護智能障礙加腦性麻痺女兒的母親，讓我想到自己。患有障礙的女兒在三名手足中排行中間，這位母親一直以來都不願讓其他子女背負照顧身心障礙女兒的責任。可是隨著年歲增長，愈發感到不安。這位母親打電話給小女兒，哭著說道，終究我還是希望妳能答應接手照顧姊姊，看到這一幕我也一時語塞。說不定我們家有一天也會面臨同樣的情況。

負責掌鏡的哥哥，據聞以往至今幾乎未曾照護過妹妹。可是相模原身心障礙福利機構凶殺案嫌犯所吐露的「身心障礙者只會帶來不幸而已」這句話，在他心中激起漣漪。身為障礙者家屬的他捫心自問，自己能否確實反駁嫌犯的意見。

近幾年來，我覺得狀況似乎也有所改變。身心障礙者的家人開始敢談論障礙與照護、尋求幫助並向社會大眾發聲。

若能藉由公開家有障礙者的生活實情，讓大眾願意伸出援手，進而讓社會慢慢有所改變真的是再好不過的。

該名父親在節目中談到，跟患有障礙的女兒所共度的日常生活是幸福的。這個幸福並非今天學會昨天做不到的事，而是活著過日子這件事本身就是一項喜悅、孩子還在身邊就很令人感恩。正因為家有障礙兒才能有所體會。

我也是同樣的想法。如同這一家人在節目中所欲傳達的訊息般，我也會盡自己所能地持續發聲。

6-6 為人心地善良、勇敢堅強

今年夏天，結束日本的入學體驗後，我帶孩子們去海邊玩。孩子們每年都在固定光顧的海之家大玩水上活動。

「媽咪，從明天開始可以去幫海之家顧店嗎？」

長子主動出擊。

「店長說他每天早上都一個人掃沙灘還有巡邏。如果明天起得夠早的話，我想去海邊。」

從翌日早上開始長子與次子便結伴去海之家當義工。似乎接連好幾天都幫忙擦餐桌椅、收拾散落海邊的垃圾。

「店長讓我們免費搭乘水上摩托車耶。好好玩喔！」

我擔心或許是孩子們提出央求反而給店家添了麻煩，立刻前往海邊致歉。店長卻表示：

「不不不，該道謝的人是我。這兩個孩子真的很勤勞認真，幫了我大忙。更令我驚訝的是，他們堅持不收打工費。讓我從孩子身上學到不求回報的義工精神。水上摩托車只是我的一點心意。」

孩子們從小就開始在美國參加志工活動，像是撿拾中央公園的垃圾，在學校也經常舉辦為病童募款的活動。千璃的校園生活也是託眾多志工的福才有辦法維持，這點孩子們也很清楚，所以才會覺得幫忙海之家不收錢是理所當然的吧。孩子們幼小心靈的成長，令我莞爾並鐫刻於心。

夏季這段期間，有許多朋友表示願意代為照顧這三個孩子。短則是我出門工作那幾個小時，長則幾乎一整天，幫忙帶著孩子出遊。我與從早到晚盡情玩了一整天回來的孩子們閒聊。

「覺得什麼最好玩？」

「都很好玩。可是在電車內都沒有人要讓座給兒童耶！」

「大人也很累，有些人會想坐著呀！」

「我不是說不讓給我們啦，明明帶著嬰兒的媽媽一臉困擾，卻沒有任何人幫她。」

「那你有做什麼嗎？」

「我有問她要不要我幫忙抬嬰兒推車。」

「很好呀。就算別人都沒有反應，若有人需要幫忙就應該伸出援手喔！」

「可是我還不敢主動詢問拿拐杖的人。」

「媽咪有時候也會這樣。所以都會向上天祈求『請賜給我勇氣』。」

我從孩子們童稚的對話中，隱約看見了各種希望。

前方是辛勤工作的父母親背影，身旁則是患有障礙的姊姊，我能為必須在這種條件下共同生活的孩子們留下些什麼呢？讓他們學會珍惜人與人之間的連結，了解有些珍貴的東西是金錢買不到的。只有真正痛過的人才會體貼待人、才能變堅強。再從這裡摸索，逐一找出迎向光明未來的方法。

每天都會收到來自特教學校老師針對千璃的生活概況所發出的各種聯絡報告。

「Seri enjoyed the gym class and playing with the school ferret today. She was most amused by the ferret.（千璃今天上了體育課，還跟學校飼養的白鼬鼠一起玩。她非常喜愛白鼬鼠）」

「We have been learning about the musical Cats this week and Seri got her face painted today. She look great. It was a new experience for her, I believe, and she did well.（本週我們針對音樂劇「貓」做學習，今天幫千璃畫了臉部彩繪。雖然是全新的體驗，不過她表現得很好）」

我一邊想像當時的情景，偷偷對孩子的成長感到喜悅並藏不住笑意。

這一陣子校方開始讓千璃進行點字板配對練習。點字板上的點字形狀就像兒童玩具樂高積木那樣，老師將其組合後形成詞彙。

「千璃，來，DOG，狗狗。哪一塊跟這個一樣？」

老師牽起千璃的手，讓她用手指觸摸三種類型的點字板。千璃稍微偏著頭，每個都慢慢地摸摸看。觸摸好幾次後，她的手停在某塊點字板上。

「千璃，真的確定是這個嗎？」

千璃改為觸摸另一個點字板。

「很棒。做得真好。」

千璃露齒微笑。實際上千璃究竟理解到什麼程度我們不得而知。只不過她明白自己受到稱讚，也知道周圍的人很高興。聽到這些聲音，千璃應該是打從心裡感到開心的吧。

每個課程的大前提都是引導孩子能展現出喜悅這個最根本的情緒。相信孩子的可能性、透過鼓勵稱讚予以栽培的美國教育方針，或許直達千璃純真的心靈而發揮效用也說不定。

每當看著千璃毫不掩飾地將喜怒哀樂這些人類最原始的情緒表現於外，就不得不反思我們大人所遺忘的赤子之心。每天保持努力生活的態度是千璃帶給我的啟發。「喜悅、歡樂、熱愛」，坦率不加修飾的情感能為我們帶來活下去的力量。

尾聲

全家福照

我們有一張全家福照。表情靦腆的三個孩子並肩站在前排，後排則是雙親與哭泣的女兒。要拍一張再平常不過的全家福照，對我們而言卻像是奇蹟般的一瞬間。不管專業攝影師搖鈴還是以玩具逗弄，千璃全然不解。好不容易才戰戰兢兢以腳掌觸地，卻得停留原地可能讓她加倍不安吧。面對嚎啕大哭的女兒，攝影師也沒轍，折騰半天總算拍到了一張，便留在我們手邊做紀念。全家人都笑容僵硬，或許稱不上最佳表情。不過，對我們全家人而言，這是終生難忘，充滿回憶的一張照片。因為這是千璃植入玻璃眼球後，最初也是最後一張全家合照。

「我們一起跟千璃拍張照嘛！」

做此提議的其實是長子。說是學校要他們繳交家人的照片。在美國，每年學校都會幫學生拍大頭照。拍攝當天我都會特別幫孩子稍微打扮一下，只是穿上有衣領的POLO衫，孩子們瞬間看起來就像個小大人。每年都選在同一時期拍攝，興許是校方美意，要家長們細數著孩子們的成長紀錄，描繪孩子將來長大成人後的藍圖也說不定。

我們家幾乎沒有全家人一同入鏡的照片，只有千璃與孩子們的合照，而且永遠只有先生或我某一方入鏡。因為即便是拜託他人幫忙按下快門的那短短幾分鐘的時間，千璃也無法乖乖配合不動的緣故。長期接受義眼重建手術，終於裝上臨時義眼後，孩子們便提議要拍全家福照。就像拼圖一樣，老是缺了某位成員的全家福照，終於完整成形。

拍完照才剛過幾週的時間而已，深棕色的玻璃眼珠拒絕待在千璃的眼窩內，掉落地面。

「千璃，我們稍微休息一下吧……」

全家同心協力，能做的也都做了。歷經無數次的手術，確保了成長期至少該具備的眼窩範圍。然而，眼球表面的眼皮尚不具備足夠的力量撐起義眼。那一天我一直將玻璃眼球緊緊握在手裡。

「千璃，我幫妳綁頭髮。」

不知不覺間，身高已追平姊姊的次女幫千璃梳頭髮。次女與千璃的髮質一模一樣，都是大波浪的自然捲，從背後看就會覺得果然是姊妹。活潑好動，典型的老么個性，很喜歡聊演藝圈與藝術的小女兒總說千璃「好可愛」。

「千璃擁有感應器，能分辨心地善良的人。她是用內心的眼睛看世界的。」

「我要做研究，讓千璃的眼睛看得見。」

有點書呆子氣的次子靜靜地微笑。

「我只能說些有趣的事，讓大家笑一笑而已耶！」

負責耍寶的長子此言一出又逗笑了大家。千璃聽到孩子們的對話，似乎也感到開心，一直笑嘻嘻。

我們家雖然欠缺了一些事物，不過，這個家有笑容讓我覺得很幸福。其他幾個孩子因為姊姊患有障礙的緣故，生活上不得不面臨很多犧牲，但是在這裡有許多眼睛看不見的珍寶。如同世界上有著不同膚色與不同思想的人們一般，他們能親身體會到普通人與障礙者是共存於世上的。我相信，世界上最強大的力量是為人心地善良。

考量到手術治療所花費的時間與開銷，以及千璃的成長情況等各種因素，目前中斷了義眼重建手術。可是，我們絕非捨棄了希望。假以時日會再幫千璃裝配玻璃眼球，現在只是靜待重新展開治療的時機，全力做好目前能做到的事。針對每個時期逐一選擇最良善的對策，踏實度過每一天。

千璃是帶來許多隱形啟示，從天而降的盲眼天使，也是信使。相信有朝一日她應該能以言語之外的形式，向我們傳達透過玻璃眼球所認識到的世界吧！

後記

可能因為我在三姊弟中排行中間的緣故，所以覺得自己從小就是觀望著雙親、姊姊、弟弟還有周遭人們而成長的。心之嚮往的目標對象總是在我前方，我也喜歡在主角身邊從旁協助、試著追上其腳步，我想這點終其一生都不會改變。

能成為主角的人、能站在首位的人，皆無比強大。因為前方的鏖戰對象只剩自己，後方又常有來者試圖追上，稍不留意就便成過氣人物。

膽小如我，反而喜歡最接近主角的位置，坐二望一總讓我覺得安穩舒適。小學的學力測驗，我曾拿下全國第二名的成績。不是第一名讓我鬆了一口氣。從那時開始我便知道自己喜歡的是目標就在眼前的第二順位。

千璃出生後，我的前方沒有任何人。突然之間，像悲劇女主角般被拱上第一線，全然無法釐清方向。完全不見有誰走在我的前方，只能在沒有出口的隧道內不斷徘徊。在紐約這塊土地，沒有能夠依賴的親屬與手足，真的十分孤單，並認定自己就是孤單的。與千璃兩個人連夜哭泣直到破曉的日子我以為會永遠持續下去。

下定決心，出聲向外界尋求援助後，漸漸有許多夥伴願意與我分享自己所遇到的難題。水深火熱的不只有我，自己並非孤單一人，也讓我體會到任何人都面臨著從外在看不見的種種狀況。過去有段日子也曾畏懼過他人的毀謗中傷，但不論是撫育障礙兒、義眼重建、持續工作，只要是明白我們家庭情況的人一定會理解我們所做的這些決定。

與其害怕遭致第三方批評，我寧願為失去目的地，已快捨棄生存希望的人盡一份力的念頭愈發強烈。

千璃的存在總是為我帶來啟發。或許是上天要我成為堅強並善解人意的人，才會將千璃這個寶貝託付給我。

早上起床、眼睛看得見、手腳能活動、可以吃到美味的飯菜並非理所當然。我總是祈願明天也能迎接這理所當然的日常並努力過生活，日復一日。無論是誰都會有希望能為他人所需要，所以必須活得問心無愧。

打算帶著千璃結束彼此的人生，佇足於紐澤西公寓大廈頂樓的那一天，我絕不會忘記。只要想到當時的痛楚，便覺得接下來再遇到任何試煉也一定能克服。正因為千璃用力笑著暗示我想活下去，才有今天的我們，也讓我每天都體會到無可取代的生命有多可貴。

人生就是接連不斷的相遇。在這茫茫人海中，能對至今所遇過的人、今後即將遇見的人，確實表達「認識你真好。謝謝」的心意，將是我一輩子的使命。因為我需要你，所以上天才提供機會讓我們相遇。

那天，回屋裡時所傳來的美夢成真的歌曲，在我內心深處為我強力加油打氣。千璃一定也是在這茫茫人海中，找到我們做為她的家人，為了與我們相遇才選擇來報到的吧！

經歷過許多事、反覆哭過與笑過，千璃即將十五歲了。

十五歲在美國是九年級生，也就是高中生。千璃身材雖矮小，第二性徵已出現許久，體態完全蛻變成女性了。剛轉學到目前所就讀的特教學校時，包含進食在內的一切事物全然無法自理，現在已經能自己拿著湯匙吃飯。雖然還不是很穩定，至少能拿著白手杖稍微走動一下。在他人從旁照護下，也曾參與過啦啦隊與棒球比賽。

一般幼兒在一歲左右就會走路，千璃要等到生肖輪過一輪，花了十二年的時間，才終於追上一歲的進度。儘管需要花費這麼久的時間，還是很感謝上天能讓我們體會到孩子踏足大地的喜悅。

人生沒有白費的經歷，正因為千璃出生患有許多障礙，我們才學會什麼是真正必要的事物。千璃的存在本身就是一種意義。

千璃至今依舊無法透過言語溝通，不過我總是會對千璃說「謝謝妳來到世上。謝謝妳活著。妳對我們來說真的很重要，我們真的需要妳」。不只是對千璃與孩子們，我也希望自己能持續做到對身邊的每位朋友以及工作夥伴，親口說出「謝謝」來表達感激。我認為「每個人都是無可取代、有其必要的存在」，也希望能在這樣的大環境下生活。我總是祈求有朝一日千璃自身能感受到「大家如此疼愛我，來到這世上真好」。

常聽到「障礙帶來的是不便而非不幸」，可是千璃眼睛看不見，至今還是讓我覺得可憐。我特別喜愛湛藍的天空，不論是過去任職空服員的時期還是現在，只要遇到不順心的事就會看看天空獲得勇氣。身在地球另一端的紐約，即便備感孤獨，黑夜總會過去，當日本夜幕低垂時，紐約則是旭日東昇。現在有些朋友會經常傳照片給我，並留言天空是相連的；有朋友則幫我的部落格加上「在同一片天空下」的標題。正因為如此，該怎麼教千璃讓她知道「天空是藍色的」，至今仍讓我傷神不已。

每年，在紐約都可看到素有「曼哈頓懸日」之稱的落日奇景。夕陽會精準沉入橫貫東西的大道盡頭，可謂絕世美景。天空轉變成橘紅色，最後火紅燃燒的瞬間，我曾無數次想過多希望能讓千璃親眼看見。

世上的資訊有百分之八十五是透過視覺接收的。視覺障礙的醫學研究遲遲沒有太大進展，可是做父母的總是割捨不下希望，祈求假以時日能研發出人工視力，能等到這麼一天讓千璃看見藍色的天空、火紅的夕陽、翠綠的森林等事物。屆時為了不讓千璃大失所望，必須維護美麗的地球環境，以身作則交棒給下一個世代，是我們這一代所該盡的一點綿薄之力。

衷心盼望各位讀者在遇到育兒、工作方面，甚至是私生活瓶頸時能藉由我的個人經驗談，讓大家回想起每個人都有各自的難題，都為了不負上天所賜的生命而努力活著，自己並非孤軍奮戰。

我想自己在未來還是不會放棄持續發聲。若引起誤會便詳加說明、有想得知的資訊則徹底調查清楚。原本該有的育兒生活卻變成長期照護骨肉的人生；若今後有人在我後方探索隧道的出口，我會悄悄握住那雙手，一起尋找亮光。不論是育兒或人生都沒有正確答案，所以我們接下來還是會不斷摸索對自己與家人以及周遭人們而言更好的出路。

在日本的父母親以及公公婆婆、姊姊弟弟、堂表親、伯父伯母、姪子姪女、外甥外甥女們，謝謝你們一直不變的愛。長大許多的千璃，如同寄託在她名字的願望般，生活上受到許多人的疼愛。雖然相隔遙遠無法及時行孝，但不過份依賴自己人，確實自立是我的目標。將來，還請與我們共同找出千璃和我們一家人在這裡的意義。

一直以來扶持我的朋友們、工作夥伴們，託你們的福我才能再度獲得主動發聲的勇氣。是你們讓我學到「有種愛，名為深深信賴」，千言萬語也道不盡我心中的感激。

每當我有需要時，便主動提議幫忙照顧孩子的朋友以及其家人們。託你們的福我才能無後顧之憂的朝著育兒與工作並立的目標邁進。

對千璃與我們的生活給予大力協助的各位教育、醫療相關人士，今後仍請多多指教。

總是豪爽地為大家帶來歡樂的表姊小悅、向來對我加油打氣，表示「想知道千璃的成長狀況，快點把第二本書生出來吧」的出版社製作人平田靜子小姐、為我們實現這個心願的小學館森萬紀子小姐、總是耐心傾聽的編輯新田由紀子小姐、最先為我引路，讓我有機會向社會發聲的產經新聞出版皆川豪志先生、將我的想法以藝術形態呈現的山田みどり小姐、三浦大地先生、以及在天國的西山吉勝師傅。諸位於本書出版之際，多方給予協助，在此表達由衷的感謝。

我要給最親愛的丈夫與四名子女深深的擁抱。雖然終點遙不可見，讓我們一同攜手走下去。相信我們在這裡一定是有意義的。而我也不斷在心中描繪，會有那麼一天能讓千璃目睹這片天空。

二〇一七年十月

千璃へ

頬をさわれば、千璃のことが分かる。
そのぐらい肌でつながっている。
世の中から光が消えても、
きっとあなたを見つけられる。

I LOVE YOU

ママより

給 千璃

只要摸摸臉頰就能認出妳。
因為肌膚觸感是我們心手相連的記憶。
即使世上完全失去亮光，
我也一定能夠找到妳。

倉本美香

1969年出生於東京都。學習院大學畢業。目前定居於美國紐約。卸下日本航空國際線空服人員職務後，投身經營企業顧問管理公司「OFFICE BEAD INC.」，主要業務為協助日籍企業與日籍藝術家進軍美國。育有二子二女。

TITLE

謝謝妳來到這世上

STAFF

出版	三悅文化圖書事業有限公司
作者	倉本美香
譯者	陳姵君
總編輯	郭湘齡
責任編輯	張聿雯
文字編輯	蕭妤秦
美術編輯	許菩真
排版	靜思個人工作室
製版	明宏彩色照相製版有限公司
印刷	桂林彩色印刷股份有限公司 紘億彩色印刷有限公司
法律顧問	立勤國際法律事務所　黃沛聲律師
戶名	瑞昇文化事業股份有限公司
劃撥帳號	19598343
地址	新北市中和區景平路464巷2弄1-4號
電話	(02)2945-3191
傳真	(02)2945-3190
網址	www.rising-books.com.tw
Mail	deepblue@rising-books.com.tw
初版日期	2021年3月
定價	350元

ORIGINAL JAPANESE EDITION STAFF

表紙画	山田みどり
イラスト	三浦大地
装丁	小口翔平＋岩永香穂（tobufune）
出版プロデュース	平田静子

國家圖書館出版品預行編目資料

謝謝妳來到這世上：沒有眼鼻的寶貝為生命點亮前進方向 / 倉本美香作；陳姵君譯. -- 初版. -- 新北市：三悅文化圖書事業有限公司, 2021.03
242面；13x18.8公分
ISBN 978-986-99392-5-6(平裝)

1.身心障礙者 2.自我實現

548.25　　110002169

國內著作權保障，請勿翻印／如有破損或裝訂錯誤請寄回更換
UMARETEKURETE ARIGATO by Mika KURAMOTO
©Mika KURAMOTO 2017
All rights reserved.
Original Japanese edition published by SHOGAKUKAN.
Traditional Chinese translation rights arranged with SHOGAKUKAN
through THE SAKAI AGENCY and KEIO CULTURAL ENTERPRISE CO., LTD.